IRISH GRAMMAR

by

THE CHRISTIAN BROTHERS

Published by
C J FALLON
Ground Floor – Block B Liffey Valley Office Campus Dublin 22

Printed in the Republic of Ireland by
Leinster Leader Limited
Naas
Co. Kildare

AN RÉAMHRÁ

This Grammar is designed especially for those students of Irish who feel the need of a single compact grammar in which the rules of Accidence and Syntax are presented in English in clear and concise terms which can be readily understood by the average pupil.

The Standard Grammar and Spelling have been used throughout.

The Christian Brothers are indebted to all who assisted in the making of this grammar, especially to Muiris Ó Droighneáin, M.A., for his learning, patience, and labour in making detailed criticisms and in correcting the proofs.

CLÁR

INTRODUCTORY

The Alphabet.—Stress.—The Hyphen.—The Apostrophe.

THE ALPHABET (*An Aibítir*)

1. The Irish alphabet is as follows:—

**a, b, c, d, e, f, g, h, i, j, k, l, m,
n, o, p, q, r, s, t, u, v, w, x, y, z.**

2. j, k, q, v, w, x, y, z occur in loan-words, in mathematical and scientific works, etc.

3. Vowels are either **long** or **short**. A **stroke** (síneadh) over a vowel indicates that it is long:—bád, mór, rún, mé, rí.

4. As well as those vowels marked by a stroke the following combinations are also long-sounding:—

(*a*) **ae, ao, omh, umh, eo:**
   e.g. Gael, caora, comhairle, umhal, ceol.
   But **eo** is short in seo, anseo, deoch, eochair.

(*b*) **i** or **u** before **á, ó:**
   e.g. fiáin, sióg, fuáil, ruóg.

(*c*) **a** before **rd, rl, rn,** and before **rr** at the end of a word:
   e.g. ard, tharla, cearnóg, cairde, fearr, barr.

5. a, o, u, á, ó, ú are **broad** vowels;
   e, i, é, í   are **slender** vowels.

Broad vowels require a greater air-space above the tongue than slender vowels.

6. A consonant is, as a rule, broad when it precedes or follows a broad vowel, and slender when it precedes or follows a slender vowel.

7. When an Irish consonant is **aspirated,** the breath is not completely stopped in the formation of the consonant, and hence the consonantal sound is continuous and usually fricative. Note, for example, the continuous stream of breath required to pronounce the aspirated c in **loch** (a lake). Aspiration is marked in Gaelic type by placing a dot over the aspirated consonant (ḃ, ċ, ṗ, etc.) and in Roman type by placing **h** after the aspirated consonant (bh, ch, ph, etc.).

In written Irish the following nine consonants are liable to aspiration:

p, t, c, b, d, g, m, f, s.

The rules for aspiration are given in Chapter **4**.

8. By **eclipsis** is meant the following changes:—

(*a*) changing an initial **voiceless** consonant (p, t, c, f) to the corresponding **voiced** one (b, d, g, v (bh)).

(*b*) changing an initial **voiced** consonant (b, d, g) to the corresponding **nasal** one (m, n, ng).

(*c*) prefixing **n** to words beginning with a vowel.

The initial consonant is kept in writing, and the eclipsis is written before it.

9. The following seven consonants are liable to eclipsis:

p, t, c, f, b, d, g.

p is eclipsed by **b** (i **bp**áirc, *in a field*)
t is eclipsed by **d** (ár **dt**ír, *our country*)
c is eclipsed by **g** (bhur **gc**airde, *your friends*)
f is eclipsed by **bh** (ár **bhf**iacha, *our debts*)
b is eclipsed by **m** (i **mb**ád, *in a boat*)
d is eclipsed by **n** (i **nD**oire, *in Derry*)
g is eclipsed by **n** (i **ng**rá, *in love*)
A vowel is eclipsed by **n** (ár **n**Athair, *our Father*).

Note.—(*a*) when n eclipses g the combination **ng** forms a single consonantal sound like the ng in **sing, song,** etc.

(*b*) the prefix h (*as in* go hAlbain) and the prefix t (*as in* an tsúil) have not the effect of eclipsis.

The rules for eclipsis, prefix h and prefix t are given in Chapter **5**.

10. When a **stressed vowel** comes in contact with **m, mh, n, ng,** it becomes **nasal:**

máthair, comhairle, cónaí, cúng.

11. When the definite article **an** (*the*) falls between two consonants, the **n,** as a rule, is not sounded:

ag an doras *is pronounced* ag **a'** doras.
fear an tí *is pronounced* fear **a'** tí.
ar an tsráid *is pronounced* ar **a'** tsráid.

12. The **g** of **ag** is not sounded as a rule when it is followed by a verbal noun which begins with a consonant:

ag teacht *is pronounced* **a'** teacht.
ag rith *is pronounced* **a'** rith.

STRESS (*An tAiceann*)

13. As a rule stress is placed on the **first** syllable of a word if no long vowel or diphthong occurs in any other syllable:

athair, cuirim, dúnaim, eolas.

14. The following words are accented on the **second** syllable:—

abhaile, abhus, aduaidh, amach, amárach, amháin, amuigh, amú, anall, aneas, aniar, anocht, anoir, anois, anonn, anseo, ansin, ansiúd, araon, aréir, arís, atá, atáim, atáimid, atáthar, cathain, cibé, iníon, inné, inniu, isteach, istigh, laisteas, laistiar, laistigh, lasbhus, lasmuigh, lastall, monuar, tráthnóna, and some few loan-words like pianó, tobac.

15. With regard to stress on words other than those in paragraphs **13, 14,** there are, broadly speaking, two usages:—

(*a*) to place the main stress on the first syllable and a secondary stress on any other syllable which contains a long vowel. The first of the secondary stresses is the strongest. In the following examples the main stress is indicated by heavy type:—

bachlóg, **bád**óirí, **cais**leán, **d'fhan**aidís, **fuin**neog, **gró**saeir, **sclá**taí, **scríbh**neoirí.

(*b*) to place stress on any syllable which contains a long vowel. Sometimes equal stress is placed on all such syllables, but as a rule one syllable receives more stress than the others:—

bachl**óg**, bád**óirí**, caisl**eán**, fuinneog, scríbhn**eoirí**.

THE HYPHEN (*An Fleiscín*)

16. A hyphen is inserted—

(*a*) between the prefixes **n, t,** and a vowel which is not a capital letter:—

ár n-arán, an t-athair,
but—ár nAthair, Dia an tAthair.

(*b*) between the parts of a compound word when two vowels or two similar consonants meet:—

so-oilte (*teachable*), so-ólta (*drinkable*), droch-chaint (*bad language*), sean-nós (*an old custom*).

(*c*) between a word and its suffix when two similar consonants come together:—

mo chos-sa (*my foot*), ár gclann-na (*our family*).

(*d*) between two prefixes:—

sin-seanathair (*a great-grandfather*),
an-drochbhéasach (*very ill-mannered*).

(*e*) between the prefixes **do-, fo-, so-,** and words beginning with **bha-, bhla-, bhra-, dha-, gha-, ghla-, ghra-, mha-** :— do-bhainte (*impossible to mow or dig*), so-bhlasta (*delicious*), fo-bhrat (*undercoat*), so-dhaite (*easily painted*), fo-ghaoth (*a gentle wind*), so-ghlactha (*acceptable*), fo-ghrád (*a sub-grade*), do-mharaithe (*immortal*).

(*f*) in titles such as an Príomh-Bhreitheamh, an Príomh-Áras, an Ard-Scoil.

(*g*) after the emphatic prefix **an-** (=*very*):—

an-bheag, an-mhór, an-deas, an-te.

(*h*) after the prefix **dea-** (=*good*):—

dea-bhean (*a good woman*), lucht an dea-chroí (*people of good will*), le gach dea-mhéin (*with every good wish*).

(*i*) in any other compound word where the absence of a hyphen makes it difficult to recognise the word or gives rise to ambiguity:—

forás (*development*), fo-rás (*a heat*);
do lása (*your lace*), do lá-sa (*your day*).

Note.—A hyphen is never inserted after prefixed **h**:—
le hithe, a hathair, cá háit, go hÉirinn.

THE APOSTROPHE (*An tUaschama*)

17. An apostrophe is used in the following cases:

(*a*) with the verbal particle **d'** (*original* **do**):—

d'ól sé, d'fhágamar, d'fhreagair sí.

(*b*) **mo** (*my*), **do** (*your*) become **m'**, **d'**, before nouns beginning with a **vowel** or **fh**+**vowel**:—

m'aintín, m'fhiacail, d'athair, d'fháinne.

(*c*) **de** (*from*), **do** (*to*) become **d'** before nouns beginning with a **vowel** or **fh**+**vowel**:—

thit sé d'asal (*he fell off a donkey*),
tabhair d'Áine é (*give it to Anne*),
tabhair d'Fheargal é (*give it to Feargal*).

But **de** and **do** are also used, e.g.
lán de ór, de asal, do Áine, do Fheargal.

(*d*) the verb **ba** (*past tense of* **is**) becomes **b'** in certain cases when the following word begins with a **vowel** or **fh**+ **vowel**:—

b'álainn an lá é (*it was a beautiful day*), b'fhéidir (*perhaps*), b'fhearr duit siúl (*you had better walk*).

But **ba** is used before é, í, iad, eisean, etc.:—

Ba é an fear rua a bhí ann (*it was the red-headed man who was there*), Ba í Máire í (*it was Mary*).

2

THE ARTICLE (*An tAlt*)

1. In Irish there is only one article—the **definite** article.

In the singular the form is **an,** except with feminine nouns in the genitive case when the form is **na.**

In the plural the form is **na.**

2. The article combines with **cé, do, de, faoi, i, ó** to form the compounds **cén, don, den, faoin, sa (san), ón. San** is used before words beginning with a vowel or fh+vowel.

> **cén áit?** (*where?*), **cén dóigh?** (*how?*), **cén fáth?** (*why?*), **don ghasúr** (*to the boy*), **den chrann** (*from the tree*), **ón scoil** (*from the school*), **sa teach** (*in the house*), **san uisce** (*in the water*), **san fharraige** (*in the sea*).

le becomes **leis** when followed by the article:—

> **leis an sagart** (*with the priest*), **leis na fir** (*with the men*).

trí becomes **tríd** when followed by the singular article:—

> **tríd an teach** (*through the house*).

3. Note the following uses of the article:

(*a*) with **demonstrative adjectives** (seo, sin, úd):—

> an fear sin (*that man*),
> an bhean seo (*this woman*),
> na cnoic úd (*yonder hills*).

(*b*) in phrases referring to **rate, price,** etc.:—

> scilling an ceann (*a shilling each*),
> réal an t-unsa (*sixpence an ounce*),
> punt an duine (*a pound per person*),
> uair sa bhliain (*once a year*),
> céad ar an gceann (*a hundred to one*).

(*c*) before **surnames** when the personal name is omitted:—

> an Dochartach (*Mr. O'Doherty*),
> an Niallach (*Mr. O'Neill*),
> an Búrcach (*Mr. Burke*).

(*d*) in **titles**:—
> an Sagart Ó Dónaill (*Father O'Donnell*),
> an tSiúr Bríd (*Sister Brigid*),
> an Dochtúir Breatnach (*Dr. Walshe*),
> an tUasal Ó Murchú (*Mr. Murphy*).
> an Bráthair de Nógla (*Brother Nagle*).

(*e*) with many **place-names**:—
> Foreign place-names ending in a slender vowel or slender consonant (2nd declension, feminine):—
> an Afraic, an Astráil, an Áise;
> an Bhreatain, an Bheilg, an Fhrainc, an Spáinn, etc.
> an Róimh, an Róin, an Rúis, an tSín, etc.
>
> The article is not used with Éire, Albain, Gaillimh, except in the genitive:—muintir na hÉireann, muintir na hAlban, contae na Gaillimhe.

(*f*) with the names of the **seasons**:—
> an tEarrach, an Samhradh, an Fómhar, an Geimhreadh; tús an Earraigh, lár an tSamhraidh, deireadh an Fhómhair, teacht an Gheimhridh.
>
> But,—oíche gheimhridh, lá breá samhraidh, etc.

(*g*) with the **days of the week**:—
> an Luan, an Mháirt, an Chéadaoin, an Déardaoin, an Aoine, an Satharn, an Domhnach.
>
> But,—Dé Luain, Dé Máirt, Dé Céadaoin, Déardaoin, Dé hAoine, Dé Sathairn, Dé Domhnaigh, in adverbial use:—
> Tiocfaidh sé Dé Luain (*he will come on Monday*).
> Tagann sé gach Déardaoin (*he comes every Thursday*).

(*h*) with the names of **certain months and feasts**:—
> an Nollaig, an Cháisc, an Inid (*Shrovetide*),
> an Carghas (*Lent*), mí na Nollag, saoire na Cásca, Máirt na hInide, tús an Charghais, mí na Bealtaine;
> but the article is omitted in many adverbial phrases:—
> ó Shamhain go Bealtaine, lá Nollag, um Nollaig, um Cháisc, etc.

(*i*) with the names of **languages** when referring to them in a wide or general sense:—
> Is í an Ghaeilge teanga ár sinsear.
> Tá an Laidin marbh leis na cianta.

> Otherwise the article is omitted:—
> Tá Gaeilge mhaith agat.
> Abair as Gaeilge é.

(*j*) with **abstract nouns** when referring to them in a wide or general sense:—

> Tá an radharc go holc aige.
> Tá an óige agus an tsláinte agat.
> Is fearr an tsláinte ná na táinte.

(*k*) with the names of certain **illnesses**:—

> an bholgach (*pox*), an bhruitíneach (*measles*), an múchadh (*asthma*), an eitinn (*tuberculosis*), an triuch (*whooping cough*), etc.

(*l*) with the adjective **uile** (*every*):—

> an uile dhuine, an uile lá.

But when **uile** is preceded by **gach** the article is omitted:— gach uile rud.

(*m*) with **iomad, iomarca, oiread, sluaite, céadta, mílte** in phrases such as—

> an iomad cainte (*too much talk*),
> an iomarca airgid (*too much money*),
> an oiread sin céille (*so much sense*),
> na sluaite ban (*crowds of women*),
> na céadta punt (*hundreds of pounds*),
> na mílte fear (*thousands of men*).

In the cases mentioned in paragraph **3**, the definite article is used in Irish, but not used in English.

4. The article is not, as a rule, used with a definite noun—

(*a*) when it governs a definite noun in the genitive case:—

> fear an tí (*the master of the house*),
> deireadh an scéil (*the end of the story*),
> barr gach crainn (*the top of every tree*).

But note usage with demonstratives:—

> sa ghleann seo na ndeor (*in this valley of tears*);
> an fear sin an airgid (*that rich man*).

(*b*) in certain **adverbial phrases**:—

> tá sé anseo ó mhaidin (*he is here since morning*),
> fan go Satharn (*wait until Saturday*),
> fan go tráthnóna (*wait until the evening*),
> um Cháisc (*at Easter*), um Nollaig (*at Christmas*),
> lán go barr (*full to the brim*).

3

INFLEXION (*Infhilleadh*)

Meaning of inflexion.—Attenuation.—Broadening.—Syncopation.
—Case System.—Common Form.—Declension.—Gender.

1. Irish is an **inflected** language, that is, it expresses different shades of meaning by making changes (**inflexions**) in the ends of nouns, adjectives, pronouns and verbs.

    gúna deas=a nice dress.
    gúnaí deasa=nice dresses.
    brisim=I break.
    brisimid=we break.

2. **Attenuation** (Caolú) is a form of inflexion whereby a broad consonant is made slender. In its simplest form it is denoted by placing the letter **i** in front of the consonant.

The table below shows the main vowel-changes caused by attenuation :—

Original Form	bás	fear	sceach	éan	iasc	rian	íol	fionn	fliuch
Attenuated Form	báis	fir	sceiche	éin	éisc	riain	íl	finne	fliche

3. **Broadening** (leathnú) is a form of inflexion whereby a slender consonant is made broad.

The table shows the vowel-changes caused by broadening :—

Original Form	cóir	greim	tincéir	rith	feadaíl	cuir	cuid
Broadened Form	córa	greama	tincéara	reatha	feadaíola	cur	coda

4. **Syncopation** (Coimriú) is the omission of a short **unaccented** vowel (or vowels) from the last syllable of word of **more** than one syllable, whenever the word is lengthened by an inflexion beginning with a vowel, e.g.,

imir (*play*)—imrím (*I play*)—imreoidh mé (*I will play*).
saibhir (*rich*)—níos saibhre (*richer*).
coinneal (*a candle*)—coinnle (*candles*).

5. The **Case** system, which deals with the **form** of words rather than their function, is simpler in modern Irish than in Latin. Thus in Latin the nominative ·form **vir** (a man) is distinguished from the accusative **virum** and from the dative **viro**. In Irish there is a **common form** for words corresponding to the nominative, accusative and dative forms in Latin :—

Tá **fear** ag an doras. **Fear** *is the* **subject.**
Chonaic Seán an **fear.** **Fear** *is the* **object.**
Thug sé réal don **fhear.** **Fear** *is governed by a* **preposition.**

Although the word **fear** has a different grammatical function in each of the three sentences above, the **form** of the word does not change. (Aspiration and eclipsis do not change the essential form). This form is called the **Common Form** in this grammar.

6. In Irish therefore we have :—

> the **Common** form,
> the **Genitive,**
> the **Vocative.**

7. Nouns are divided into classes according to the way they are inflected to form the genitive singular. There are **five** such noun-classes or **declensions.**

8. In Irish there are **two** genders, masculine and feminine.

Nouns designating males are generally masculine :—
> buachaill, fear, garsún, gasúr, mac, tarbh, etc.

Nouns designating females are generally feminine :—
> baintreach, bean, bó, girseach, iníon, óinseach, etc.

But there are exceptions, e.g., **cailín** (a girl) is a masculine noun while **gasóg** (a scout) is a feminine noun.

The **personal** names of males are masculine and those of females feminine :—

> Peadar beag, Seán bán, Tomás bocht ;
> Cáit bheag, Máire bhán, Nuala bhocht.

The following are mainly **feminine** :—

    (*a*) foreign place-names ending in a slender vowel or slender consonant :—an Áise Bheag, Beirlin, an Danóib, etc.

    (*b*) names of languages :—Araibis, Breatnais, Laidin, Sínis, etc.

    (*c*) nouns of two or more syllables ending in **-acht** and all nouns ending in **-óg** :—beannacht, iarracht, bróg, etc.

    (*d*) abstract nouns formed from the genitive singular feminine of adjectives :—áille, binne, gile, etc.

Note.—Foreign place-names which end in a broad vowel or broad consonant (in the singular) are masculine, fourth declension.

Place-names which end in a slender vowel or slender consonant are feminine, belonging to the second declension if preceded by the article, and to the fourth otherwise.

Exceptions:—Albain, Lochlainn, Londain, Manainn are fifth declension. An Eoraip is third declension.

4

ASPIRATION (*Séimhiú*)

Nouns.—Adjectives.—Verbs.—Compound words.

A.—Nouns.

1. The **Article (an) aspirates** the initial consonant of nouns (except those beginning with **d, s, t**) as follows :—

> (*a*) **Feminine Singular Nouns** in the **Common** Form:—
>
> > Tá **an bhean** ag obair.
> > Chonaic mé **an bhean.**
> > Thug mé punt **don bhean.**

> (*b*) **Masculine Singular Nouns** in the **Genitive**:—
>
> > hata **an fhir.**
> > barr **an chrainn.**
> > tús **an fhómhair.**

> (*c*) **Singular Nouns** of both genders:—
>
> > (i) after **den, don, sa (san)**:—
> >
> > > **don fhear, den bhean, den chrann, sa chrann, san fhómhar, san fharraige.**
> >
> > (ii) after **ag, ar, as, chuig, dar, faoi, ionsar, le, ó, roimh, thar, trí, um** (unless we choose to eclipse):—
> >
> > > **ag an fhear, ar an chrann, as an pháirc, chuig an bhean, faoin chóta, leis an chailín, ón chat, thar an chnoc, tríd an pháirc,** etc.

2. The **Vocative Particle a** aspirates nouns of both genders and both numbers:—

> **a bhean, a chara, a Bhríd, a Sheáin, a chairde, a mhná** uaisle, **a dhaoine** uaisle.

3. Nouns are aspirated after **certain adjectives:—**

> (*a*) after the possessive adjectives—**mo** (*my*), **do** (*your*), **a** (*his*):—
>
> > **mo mhac, do theach, a pheann.**

(*b*) after **uile** (*every*):—
    an **uile** dhuine (*everyone*),
    gach **uile** fhocal (*every word*).

(*c*) after **aon** (*one, any*) and **chéad** (*first*), except nouns
    beginning with **d, s, t**:—
    aon bhó amháin (*one cow*),
    níl **aon** chiall aige (*he has no sense*),
    an **chéad** bhliain (*the first year*),
    tús na **chéad** bhliana (*the beginning of the first year*),
    but,—**aon doras amháin**, an **chéad seachtain**, etc.

(*d*) after **dhá** (*two*) except when **dhá** is preceded by **a** (*her*),
    a (*their*), **ár** (*our*), **bhur** (*your*):—
    dhá theach, dhá pheann, mo dhá bhróig, a dhá shúil
    (*his two eyes*). (*See page* 20, *par.* 1 (*b*)).
    But,—
    a dhá **súil** (*her two eyes*),
    a dhá **bróig** (*her two shoes*), etc.

(*e*) after **beirt** (*two persons*):—
    beirt fhear, beirt bhan, beirt shagart.

(*f*) after **trí** (*three*), **ceithre** (*four*), **cúig** (*five*), **sé** (*six*) when
    the singular form of the noun is used:—
    trí bhád, luach trí bhád;
    ceithre bhó, bainne ceithre bhó;
    cúig phunt, luach cúig phunt de leabhair;
    sé mhí, ar feadh sé mhí.

4. Nouns are aspirated after certain **simple prepositions**:—

(*a*) **a, de, do, faoi, mar, ó, roimh, trí, um**:—
    Dúirt sé liom an bád **a dhíol** (*he told me to sell the boat*),
    Thit sé **de chrann** (*he fell from a tree*), **do Mháire** (*to
    Mary*), **faoi chrann** (*under a tree*), **mar dhuine** (*as a
    person*), **ó Chorcaigh** (*from Cork*), **roimh mhaidin** (*before
    morning*), **trí shioc agus shneachta** (*through frost and
    snow*), **um Cháisc** (*at Easter*).

(*b*) **ar**:—**ar bhád, ar chrann, ar chlé** (*to the left*), **ar dheis**
    (*to the right*), **ar dhóigh** (*in a way*), **ar fhaitíos** (=ar
    eagla, *lest*), **ar fheabhas** (*excellent*).
    ar does not aspirate in adverbial phrases denoting **state**
    or **position**:—
    ar buile (*furious*), **ar crochadh** (*hanging*), **ar díol** (*for
    sale*), **ar dóigh** (*excellent*), **ar fáil** (*available, to be
    found*), **ar meisce** (*drunk*), **ar mire** (*furious*), **ar muir
    agus ar tír** (*on sea and land*), etc.

ar does not aspirate when it is part of a compound preposition:—**ar feadh, ar fud, ar son, ar tí**:—

ar feadh míosa (*for a month*), **ar fud na tíre** (*throughout the country*), **ar son na síochána** (*for the sake of peace*), **ar tí teach a thógáil** (*about to build a house*).

(*c*) **gan**:—**gan chiall, gan mhaith, gan bhréag, páiste gan mhúineadh** (*an unmannerly child*).

gan does not aspirate—

(i) nouns beginning with **d, f, s, t**:—

gan dabht, gan fáth, gan sagart, gan teip.

(ii) nouns which are qualified:—**gan bréag ar bith.**

(iii) nouns which are part of a noun-phrase:—abair leis **gan pósadh** (*tell him not to marry*).

(iv) proper names:—**gan Mícheál, gan Cáit.**

(*d*) **idir** aspirates when it means "**both**":—

idir fhir agus mhná (*both men and women*), **idir bhuachaillí agus chailíní** (*both boys and girls*).

idir does not aspirate when it means "**between**", "**among**":—

idir Corcaigh agus Doire (*between Cork and Derry*), troid **idir beirt** fhear (*a fight between two men*), comórtas **idir Seán agus Máire** (*a competition between John and Mary*), **idir mná** (*among women*).

(*e*) **thar**:—Ní fiú **thar phunt** é (*it's not worth more than a pound*), ní raibh **thar chúigear** acu ann (*there weren't more than five of them there*), **thar Chorcaigh** (*past Cork*), **thar bharr an chnoic** (*over the hill-top*), **thar Shliabh gCua** (*over Slieve Gua*).

Thar does not aspirate in adverbial phrases in which the noun is **indefinite** and **unqualified**:—

thar barr (*excellent*), **thar cnoc is gleann** (*over hill and vale*), **thar muir** (*beyond the sea*), **thar sáile** (*over the sea*).

Note.—The words **amhail, ach, ag, as, chuig, chun, dar, go, go dtí, i, le, murach, ná, os, seachas** do not aspirate:—

gach duine **ach Máire** (*everyone except Mary*), tá leabhar **ag Seán** (*John has a book*), **amhail fear** a bhéadh ólta (*like a drunken man*), **as baile** (*not at home*), litir **chuig Máire** (*a letter to Mary*), **chun Máire** (*to Mary*), **dar fia** (*dear me* !), go Sasana (*to England*), go dtí páirc (*to a field*), ag dul **i méad** (*increasing*), **le Peadar** (*with Peter*), **murach Pól** (*were it not for Paul, only for Paul*), níos airde **ná Seán** (*taller than John*), **os cionn** (*above*), daoine eile **seachas Tomás** (*others besides Thomas*).

5. An **indefinite noun** in the **genitive** is aspirated:—

(i) when it is governed by a **plural** noun which ends in a **slender** consonant:—

buidéil bhainne (*bottles of milk*), **éisc mhara** (*fish of the sea*), **amhráin ghrá** (*love-songs*).

Exception:—initial **d, s, t** is not aspirated after final **d, n, l, s, t:**—

buidéil draíochta (*magic bottles*), **crainn seoil** (*masts*).

(ii) when it is governed by a **feminine singular** noun which is not in the genitive:—

aimsir bháistí (*rainy weather*), **a bhean chroí** (*my dear woman*), **an ghaoth Mhárta** (*the March wind*), **bliain bhisigh** (*a leap year*), **cloch phrátaí** (*a stone of potatoes*), **maidin fhómhair** (*a morning in Autumn*), **oíche gheimhridh** (*a winter's night*), **maidin shamhraidh, oíche sheaca, buíon cheoil, buíon chosanta** (*defence force*), **cúis gháire** (*reason for laughter*), **cúis ghearáin** (*cause for complaint*), **cúis mhagaidh** (*a source of ridicule*), etc.

The following are some of the exceptions to (ii),

The second noun is **not** aspirated:—

(i) when the first noun (feminine singular) denotes **excess, part, want:**—

barraíocht cainte (*too much talk*), **breis bainne** (*extra milk*), **easpa codlata** (*lack of sleep*), **roinnt bagúin** (*some bacon*).

(ii) when the first noun denotes *part* of a person, animal or thing;—

lámh duine, adharc bó, ciumhais coille (*edge of a wood*).

(iii) when the first noun is a **verbal noun** with **ag:**—

ag baint féir, ag baint móna, ag foghlaim snámha.

But,—**ag fáil bháis.**

It should be noted that the indefinite noun in the genitive is hardly ever aspirated when it denotes **persons:**—**aois páiste** (*a child's age*), **airde fir** (*a man's height*), baintreach **fir** (*a widower*), clann **feirmeora** (*a farmer's children*), máthair **clainne** (*mother of a family*), bróg **mná** (*a woman's shoe*), culaith **fir** (*a man's suit*), scoil **cailíní** (*a girls' school*)

Note.—The following rule is helpful: When a common noun is preceded by a masculine noun, the initial consonant of the common noun is not, as a rule, aspirated unless the final consonant of the preceding noun is made slender by inflexion, e.g. ga tí **solais**, gloine uisce **beatha,** bord iascaigh **mhara.**

6. Defini e Nouns (Chapter **6**) in the **genitive** case (or genitive in function (Chap. ɪ, §. 9)) are aspirated:—

> Teach **Sheáin**, leabhar **Thomáis**, bean **Shéamais**, mac **fhear an tí**, obair **bhean an tí**, Coláiste **Cholmáin**, Scoil **Mhuire**, Lá **Fhéile** Pádraig, Oíche **Fhéile** Eoin, ar aghaidh **dhoras an tséipéil**, i láthair **bhean an tí**, ag moladh **mhuintir Dhoire** (*praising the people of Derry*), tiománaí **bhus a seacht** (*the driver of bus 7*), deireadh **chaibidil a trí** (*the end of chapter three*).

Note.—Aspiration does not occur when the noun in the genitive (or genitive in function) is subject or object of a verbal noun which comes after it:—

> in éadan **muintir** Shasana a bheith sa tír,
> ar tí **Ciarán** a phósadh (*about to marry Kieran*).

7. Nouns are aspirated after past and conditional forms of the verb **is**:—

> ba **dhuine** mór é (*he was a big man*),
> ar **shagart** é? (*was he a priest?*),
> níorbh **fheirmeoir** é (*he was not a farmer*),
> dúirt sé nár **chapall** maith é (*he said it wasn't a good horse*).

8. The following nouns are not aspirated:—

> (*a*) **Dé** (*God, day*), **Déardaoin**, **San** (*Saint*):—
>
> > Mac **Dé** (*the Son of God*), oíche **Dé** Luain, oíche **Déardaoin**, teacht **San** Nioclás.
>
> (*b*) certain names beginning with the prefixes **mo, maol, maoil**:—
>
> > Scoil **Mobhí**, Sráid **Maoilbhríde**, Coláiste **Maolmhaodhóg**.
>
> (*c*) nouns preceded by **Féile, Naomh, San, Dé** (*day*), **Chun**:—
>
> > Lá Fhéile **Pádraig**, Oíche na Féile **Bríde**, litreacha Naomh **Pól** (*the epistles of St. Paul*), beatha San **Tomás**, Dé **Máirt**, oíche Dé **Máirt**, chun **Pádraig**.

B.—Adjectives.

9. An attributive adjective is aspirated:—

> (*a*) when it qualifies a **feminine singular noun in any case except the Genitive**:—
>
> > bean **mhaith**, don bhean **mhaith**, an bhean **chéanna**, a bhean **chóir** (*vocative*).
>
> an adjective is not aspirated when preceded by an adverb:—
>
> > bróg **mhór**, but,—bróg measartha **mór**;
> > bliain **mhaith**, but,—bliain réasúnta **maith**.

(*h*) when it qualifies a **masculine singular noun in the Genitive or Vocative**:—

teach Sheáin **Mhóir**, ainm an fhir **bhig**, a chara **dhílis**, a fhir **bhig.**

(*c*) when it qualifies a **plural noun which ends in a slender consonant**:—

Tá na fir **mhóra** ag obair, ag na fir **mhóra**, leis na capaill **bhána**, ag moladh fir **mhaithe.**

adjectives qualifying **caoirigh** (*sheep*) are not aspirated:— na caoirigh **beaga bána.**

(*d*) when **beirt** precedes the noun qualified:—

beirt fhear **mhóra**, don bheirt fhear **mhóra**, neart bheirt fhear **mhóra**, troid na beirte fear **mhóra**, a bheirt fhear **mhóra** (*vocative*), beirt bhan **bheaga**, duine den bheirt bhan **bheaga**, ceol na beirte ban **bheaga**, a bheirt bhan **bheaga.**

(*e*) when any number from **2** to **19** qualifies a noun (singular form):—

dhá chearc **bhána**, don dá chearc **bhána**, bás an dá chearc **bhána**, a dhá chearc **bhána** (*vocative*), trí (ceithre, cúig, sé) chapall **mhóra**, seacht (ocht, naoi, deich) gcapall **mhóra**, rás na seacht gcapall déag **mhóra.**

(*f*) after **idir** when it means **"both"**:—

páistí idir **bheag** agus **mhór** (*children both big and small*).

(*g*) adjectives following **den, don, sa, san** + a **feminine** noun are aspirated:—

don bhean **bheag**, sa choill **ghlas**, san fharraige **mhór.**

adjectives following **den, don, sa, san** + a **masculine** noun **need not** be aspirated:—

don fhear **mhór** or don fhear **mór.**

(*h*) adjectives following **ar an, ag an, as an, leis an,** etc., + a **feminine** noun are aspirated:—

as an gcoill **mhór**; as an choill **mhór.**
ón tír **bheag.**

adjectives following **ar an, ag an, leis an,** etc., + a **masculine** noun are aspirated if we choose to aspirate the noun:—

ag an **fhear mhór**, ar an **chapall bhán**, as an **bhád bheag.**

But if the noun is eclipsed the adjective is not affected:— ar an gcapall bán, ag an bhfear mór, as an mbád beag.

(*i*) adjectives following **den, don, sa(n), ag an, ar an, as an, leis an,** etc. +a **masculine** noun are not usually aspirated if the noun begins with **h** or a **vowel,** or if the noun is not aspirated (e.g. initial **d, t, s, l, n, r, v**):—

ar an hata **dubh,** san uisce **te,** ag an doras **mór,** sa teach **mór,** ar an saol **corrach** seo, sa leabhar **beag,** leis an mála **trom,** etc.

Note also:—ar mhála **trom,** ina chóta **mór,** le haon fhear **bocht,** don chéad fhear **bocht,** etc.

(*j*) **déag** is aspirated when preceded by a vowel—

(i) in the phrase **dó dhéag** (*twelve*);

(ii) when it is part of a numeral qualifying a **singular** noun:—trí lá **dhéag;** seacht mí **dhéag.**

10. A predicative adjective is aspirated—

(*a*) after the **past** and **conditional** forms of the verb **is:**—
ba **dheas** uait é (*it was nice of you*);
ar **mhaith** leat é? níor **mhaith** liom;
nár **mhór** an náire é? dúirt sé gur **mhór** an náire é;
dá mba **mhaith** leat teacht, etc.

(*b*) after **dhá, trí,** . . . **sé:**—

ba dhá mheasa ansin é (*he was twice as bad then*).

C.—Verbs.

11. The initial consonant of a verb (*absolute forms*) is aspirated in the **simple past,** the **imperfect,** and the **conditional:**—
bhris mé (*I broke*), **th**ugamar (*we gave*);
bhrisinn (*I used to break*);
bhrisfinn (*I would break*), **sh**easfaidís (*they would stand*).

Exceptions:—

(i) the verb **deirim** (*I say*):—dúramar (*we said*), deirinn (*I used to say*), déarfaidís (*they would say*), deirtí (*it used to be said*), déarfaí (*it would be said*), etc.

(ii) the simple past of **faighim** (*I get*):—fuair mé (*I got*), fuaireamar (*we got*), etc.

12. The **Past Autonomous forms** of the following verbs are aspirated:—bím, feicim, cloisim, cluinim, téim, tagaim,—*thus:*— bhíothas, chonacthas, chualathas, chuathas, thángthas.

Otherwise the past autonomous (absolute forms) is not aspirated:—

tugadh, briseadh, etc.

13. Verbs are aspirated after certain verbal particles:—

   (*a*) **ní:**—ní **thuigim** (*I do not understand*).
   (*b*) **níor:**—níor **thug** mé (*I did not give*).
   (*c*) **gur:**—dúirt sí gur **tháinig** sé (*she said he came*).
   (*d*) **nár:**—dúirt sí nár **tháinig** sé (*she said he didn't come*).
   (*e*) **má:**—má **thagann** sé (*if he comes*).
   (*f*) **murar:**—murar **shiúil** sé (*if he didn't walk*).
   (*g*) **sular:**—sular **shroich** sí é (*before she reached him*).
   (*h*) **ar:**—ar **tháinig** sé? (*did he come?*).
   (*i*) **cár:**—cár **fhág** tú é? (*where did you leave it?*).
   (*j*) **a:**—an fear a **thug** dom é (*the man who gave it to me*).

Verbal particles and their effect on verbs are treated more fully in Chapter **28**.

D.—Compound Words.

In compound words the **initial consonant of the second part** (and of any subsequent part in the case of words having more than two parts) is aspirated except where a pair of the letters **d, l, n, s, t,** come together:—

   ainm**fh**ocal (*a noun*), droch**dh**uine (*an evil person*), dú**gh**orm (*dark blue*), fíor**dh**eas (*really nice*), sean**bh**ean (*an old woman*), ag síor**ch**aint (*continually talking*); an-**mh**aith (*very good*), dea-**dh**uine (*a good person*), so-**bh**lasta (*delicious*); fíor-**ch**orr**dh**uine (*a very odd* (*occasional*) *person*).

But,—an-**d**aor (*very dear*), an-**d**eas (*very nice*), sean**d**uine (*an old man*), státseirbhíseach (*a civil servant*), sin-seanathair (*a great-grandfather*).

Exceptions:—coiscéim (*a footstep*), éadóchas (*despair*), éadomhain (*shallow*), eascara (*an enemy*), foirceann (*an end, extremity*).

Note.—A change of spelling sometimes takes place in the formation of compounds:—

   éagóir (*an injustice*) *from* éa + cóir,
   éigeart (*an injustice*) *from* éi + ceart,
   éadrócaire (*unmercifulness*) *from* éa + trócaire,
   leataobh (*one side*) *from* leath + taobh.

5

ECLIPSIS, PREFIX T, PREFIX H

(Urú, an Réamhlitir T, an Réamhlitir H)

A.—Eclipsing of Nouns.

1. A noun is eclipsed—

   (a) after the possessive adjectives **ár** (*our*), **bhur** (*your*, plural), **a** (*their*):—

   > **ár gcairde** (*our friends*), **ár nAthair** (*our Father*), **bhur bpáistí** (*your children*), **a mbád** (*their boat*), **a gcuid airgid** (*their money*).

   (b) after **ár dhá, bhur dhá, a dhá** (*their two . . .*):—

   > **ár dhá mbád** (*our two boats*),
   > **bhur dhá dteach** (*your two houses*),
   > **a dhá gcorp** (*their two bodies*)

   (c) after **seacht, ocht, naoi, deich:**—

   > **seacht gcapall, ocht n-asal, naoi gcat, deich bpeann, seacht gcinn, ocht gcinn, naoi gcinn, deich gcinn.**

   (d) after the preposition **i** and in a number of phrases with other prepositions:—

   > **i dteach** (*in a house*), **i mbaile** (*in a town*), **i dtír,** tháinig sé **i dtír** (*he landed*), **i mbliana** (*this year*), **ar gcúl** (*behind; backwards*), **ar ndóigh** (*indeed*), **go bhfios dom** (*as far as I know; to my knowledge*), **ar dtús** (*first; at first*).

   Note.—The preposition **i** and an eclipsing **n** combine (i.e. we write **in** instead of **i n-**) before a noun beginning with a vowel and before **dhá** and in a few other cases:—**in** Éirinn, **in** oráiste, **in** dhá áit, **in** bhur dteach, **in** x, **in** "An tUltach", **in** "Feasta".

2. The article (**an**) eclipses a noun—

   (a) in the **singular** after **ag, ar, as, chuig, dar, faoi, le, ó, roimh, thar, trí, um,** unless we choose to aspirate (Ch.4, A, (c) (ii)):—

   > **ag an bhfear** *or* **ag an fhear.**
   > **ar an gcrann** *or* **ar an chrann.**
   > **as an bpáirc** *or* **as an pháirc.**
   > **leis an gcailín** *or* **leis an chailín.**
   > **ón gcat** *or* **ón chat,** etc.

But nouns whose initial is **d** or **t** or a vowel are not affected:—

ag an **doras**, faoin **talamh**, ar an **uisce.**
taca is eclipsed in the phrase **um an dtaca** (*by the time*).
Note also.—**mar an gcéanna** (*similarly, likewise, also*).

(*b*) in the **genitive plural**:—
seolta na **mbád**, scoil na **gcailíní**,
ceol na **n-éan**, caint na **ndaoine**,
cumann na **mban**, costas na **mbróg.**

B.—Eclipsis of Adjectives.

3. **ceathrú** (*fourth*), **cúigiú** (*fifth*), and **fichiú** (*twentieth*) may be eclipsed, after ag an, ar an, leis an, etc. (but not after den, don, sa):—

ag an **gceathrú** (ceathrú) fear; ag an **gcúigiú** (cúigiú) fear;
ar an **bhfichiú** capall (ar an fichiú capall).

But,—don **ceathrú** fear; sa **fichiú** haois, etc.

4. In every other instance, an attributive adjective which **precedes** its noun is governed by the same eclipsing rules as those which govern nouns:—

ar an **gcéad** áit *or* ar an **chéad** áit, seolta na **dtrí** bhád,
i gcaitheamh na **gcúig** bliana, ár **gcéad** mhac (*our first son*),
bhur **gceathrú** páiste (*your fourth child*), a **gcúigiú** hiníon
(*their fifth daughter*), i **ngach** aon áit (*everywhere*), i **dtrí**
theach (*in three houses*).

But,—in **dhá** áit, in **dhá** theach, etc. (*See note on page* 20.)

5. An adjective is eclipsed after **seacht, ocht, naoi, deich**:—

ba sheacht **bhfearr** liom (*I would much prefer*),
ba sheacht **ngéire** ná sin iad (*they were much keener than that*).

6. Attributive adjectives which follow the noun are not eclipsed:—
scoil na gcailíní **óga**, ar son na náisiún **beag** (*for the sake of
the small nations*), ar an mbád **beag.**

C. Eclipse of Verbs.

7. Verbs are eclipsed after the following particles:—

(*a*) **a** (*indirect relative*): an poll **a dtagann** na coiníní as.

a (=*whatever*): d'ól sé **a bhfuair** sé.

a (*relative pronoun*): áit ar **a dtugtar** Béal Feirste.

(*b*) **an** (*interrogative*): **an dtagann** sé gach lá?

(*c*) **cá** (*where*): **cá bhfuil** Dia?

(*d*) **go** (*conjunction*): Dúirt sé **go dtiocfadh** sé.
    go (*adverb*): **go dtaga** do ríocht.

(*e*) **nach** (*relative*): rud **nach dtuigim.**
    nach (*conjunction*): Dúirt sé **nach dtiocfadh** sé.
    nach (*interrogative*): **nach dtuigeann** tú mé?

(*f*) **mura** (*conditional*): **mura bhfuil** tú sásta.

(*g*) **sula** (=*before*): **sula ndeachaigh** an ghrian a luí.

(*h*) **dá** (*conditional*): **dá mbeadh** a fhios sin agam.

D.—Prefix t.

8. The **Article** (**an**) prefixes **t** in the **Common** form—

(*a*) to **masculine singular nouns beginning with a vowel** except when governed by den, don, san, ag, ar, as, chuig, faoi, le, ó, roimh, thar, trí, um:—

    Tá **an t-arán** gann (*the bread is scarce*),
    Chuir sé **an t-ór** i bhfolach (*he hid the gold*),
    Cad é **an t-am** é? (*what time is it?*),
    Tá **an t-uisce** sin te (*that water is hot*).
    Tá **an t-ádh** leat (*you are lucky*),
    an t-aerfort (*the airport*), **an t-aingeal** (*the angel*),
    an t-ainm (*the name*), **an t-aire** (*the minister*), **an t-airgead**
    (*the money*), **an t-amadán** (*the fool*), **an t-anam** (*the soul*),
    an t-aos óg (*the young people*), **an t-éan** (*the bird*),
    an tEarrach (*Spring*), **an t-eolas** (*the knowledge*),
    an t-im (*the butter*), **an t-oileán** (*the island*), **an t-uan**
    (*the lamb*).

But,—san arán, don ór, ag an am, san uisce, ag an aerfort, leis an airgead, ón anam, etc.

(*b*) to **aon** (*one, only*), **aonú**, **ocht** (*eight*), **ochtar** (*eight people*), **ochtó** (*eighty*), **ochtódú** (*eightieth*), **ochtú** (*eighth*) except when governed by den, don, san, ag, ar, as, etc. as in (*a*):—

    an t-aon chapall amháin (*the only horse*),
    an t-aonú háit déag (*the eleventh place*).

But,—leis an aon chapall amháin, etc.

9. The **Article** prefixes t in the **Common** form to **feminine singular nouns** beginning with s followed by a vowel or by l, n, r:—

an tseachtain (*the week*), uair sa tseachtain (*once a week*),
an tslat (*the rod*), leis an tslat (*with the rod*),
an tsláinte (*health*), don tsláinte (*to the health*),
an tslí (*the way*), as an tslí (*out of the way*),
an tsnaois (*the snuff*), sa tsnaois (*in the snuff*),
an tsráid (*the street*), ar an tsráid (*on the street*),
an tsrón (*the nose*), leis an tsrón (*with the nose*),
an tsúil (*the eye*), sa tsúil (*in the eye*).

10. The **Article** prefixes t in the **Genitive** case to **masculine singular nouns** beginning with s followed by a vowel or by l, n, r:—

teach an tsagairt (*the priest's house*),
i lár an tsamhraidh (*in the middle of summer*),
buarthaí an tsaoil (*the cares of the world*),
bás an tseanduine (*the old man's death*),
in aice an tséipéil (*near the chapel*),
bun an tseomra (*the end of the room*),
peaca an tsinsir (*original sin*),
i mbun an tsiopa (*in charge of the shop*),
barr an tsléibhe (*the top of the mountain*),
ceol an tsrutháin (*the music of the stream*),
bás an tseisir (tseachtair), (*the death of the six (seven)*).

Otherwise t is not prefixed to s:—

don sagart, sa samhradh, lá den saol, bean sléibhe, aon salann, an-sásta, tús an séú lá, bás an seasca fear, etc.

E.—Prefix h.

11. Certain words which neither aspirate nor eclipse and which end in a vowel (or vowel sound) prefix h to words beginning with a vowel.

(*a*) **h before nouns:**

(i) after **a** (*her*):—a haois (*her age*), ina háit (*in her place*).

(ii) after **a dhá** (*her two*):—a dhá hiníon (*her two daughters*).

(iii) after **cá:**—cá háit? (*where?*), cá haois tú? (*how old are you?*).

(iv) after **Dé** (=*day*):—Dé hAoine (*on Friday*).

(v) after **go** (*to*), **le** (*with*):—go hÉirinn (*to Ireland*), le hArt (*with Art*).

(vi) after **na** (*the*) in the **Genitive singular feminine**:— ainm na háite, ar eagla na heagla (*to make sure*).

(vii) after **na** (*the*) in the **Common plural**:— na héin, ag na héin, na háiteanna, sna háiteanna.

(viii) after **Ó:**—Seán Ó hÓgáin, ag Liam Ó hAnluain.

(ix) after **ordinals** (*except* chéad):—an dara háit (*second place*).

(x) after **trí, ceithre, sé** with **uaire** (*times*):—sé huaire, le trí huaire, tar éis sé huaire.

(*b*) **h** before **adjectives:**

(i) after **a** (*in counting*):—a haon, a hocht, a haon déag.

(ii) after **chomh, go, le:**—chomh hard le caisleán (*as tall as a castle*), go hálainn, go hiontach, chomh láidir le haon chapall (*as strong as any horse*).

(iii) after **na** (article) in the **Genitive singular feminine** and in the **Common plural:**—báisteach na haon oíche amháin sin (*that one night's rain*), beir leat na hocht gcinn (*bring the eight of them*).

(*c*) **h** before **pronouns:**

after **cé, ní, le:**—cé hé? cé hí? cé hiad?; ní hé, ní hí, ní hiad; le hí a phósadh.

(*d*) **h** before **verbs:**

after **ná:**—ná himigh uaim (*do not leave me*).

But note the following:—

trí (ceithre, cúig, sé) úll, cúig asal, trí uan;
go dtí é, go dtí iad, go dtí Áine;
ní amadán é, ní aon amadán é (*he's no fool*);
ní iontas ar bith é=ní aon iontas é (*it's no wonder*);
ní Úna is ainm di, ní Art is ainm dó;
ní ionann iad (*they are not the same*);
óladh é (*it was drunk*), inné a óladh é, ar óladh é? cár óladh é?
gur itheadh é, má itheadh é;
cé air a bhfuil an milleán? (*who is to blame?*).

6

THE NOUN (*An tAinmfhocal*)

Kinds. — Definite Nouns. — Cases. — Common. — Genitive. — Vocative.

1. Kinds of nouns:

(*a*) **Proper Noun:**—Seán, Máire, Ó Néill, an Brianach, Corcaigh, Rinn na Feirste, Bran, etc.

(*b*) **Common Noun:**—fear, bean, ubh, crann, asal, cat, etc.

(*c*) **Material Noun:**—bainne, im, siúcra, tae, plúr, etc.

(*d*) **Collective Noun:**—foireann (*a team*), rang (*a class*), etc.

(*e*) **Abstract Nouns** are of two kinds:

(i) **common:**—maitheas, olcas, áthas, brón, etc.

(ii) of **degree:**—airde, ciúine, laghad, fuaire.

2. Definite Nouns.

A definite noun is one which denotes a particular person, place, or thing.

The following are definite nouns:—

(*a*) a noun which is preceded by the **article:**—
an **fear,** an **bhean,** ar an **teach,** san **áit** sin.

(*b*) **a proper noun** which refers to a particular person or place:—
Doire, Tomás seo againne, in **ifreann** (*in hell*), ar **neamh** (*in heaven*).

(*c*) a noun qualified by a **possessive adjective:**—
mo **mhac** (*my son*), do **theach** (*your house*), etc.

(*d*) a noun qualified by **gach** (*every*):—
gach **lá.**

(*e*) a noun in the **vocative case:**—
a **bhean,** a **chara.**

(*f*) a noun qualified by **a numeral which functions as an ordinal:**—
bus a dó, **rang** a trí, etc.

(*g*) a noun which governs a definite noun in the genitive:—

hata an fhir, **muintir** Dhoire (*the people of Derry*), **bean** Sheáin (*John's wife*).

The Common Form.

3. The Common Form corresponds to the traditional nominative, accusative, and dative cases to be found in many previous grammars.

Thus, in the sentence—Thug **Seán béile** don **strainséir**—

Seán is a proper noun in the **Common** Form, **subject** of the verb **Thug.**
béile is a common noun in the **Common** Form, **object** of the verb **Thug.**
strainséir is a common noun in the **Common** Form, governed by the preposition **do.**

In the following examples the **Common** Form of the noun is in **heavy** print:—

(*a*) **Subject** of the sentence:—Tá an **cat** ag ól.

(*b*) **Object** of the sentence:—Bhris Seán an **fhuinneog.**

(*c*) **Apposition** to subject:—Tá Tadhg **gabha** ag obair.

(*d*) **Apposition** to object:—Chonaic mé Tadhg **gabha.**

(*e*) **Predicate** of the Copula:—Is **amadán** é.

(*f*) **Completion** of the Predicate:—Tá sé **punt** meáchain.
Tá sé **bliain** d'aois.

(*g*) in **phrases** expressing **time, space, degree,** etc:—

D'imigh sé **bliain** ó shin (*he left a year ago*).
D'fhan sé **seachtain** (*he stayed for a week*).
Bhí sé ag gabháil an **bóthar** (*he was going along the road*).
Bhí sé ag siúl síos an **tsráid** (*he was walking along the street*).
Thit sé trí **huaire** (*he fell three times*).
Tá sé **rud** beag fuar (*it is somewhat cold*).

(*h*) after **cá mhéad** (*how many*), and **fiú** (*worth*):—

Cá mhéad **teach** a tógadh? (*how many houses were built?*).
Ní fiú **pingin** é (*it is not worth a penny*).

(*i*) in phrases denoting **price, share, sale**:—

scilling an **ceann** (*a shilling each*).
fuair siad punt an **duine** (*they received a pound each*).

(*j*) in adjectival constructions such as the following:—

an fear is mó **ciall** (*the man with most sense*).
an bhean is mó **caint** (*the woman who talks most*).
pósfaidh mé mo rogha **bean** (*I'll marry the woman I choose*).

(*k*) after the possessive adjective **a** (**proleptic a**):—

bhí áthas orm a **fheabhas** a d'éirigh leo.
bhí ionadh orm a **laghad** a bhí déanta aige.

(*l*) in phrases with **dá mhéad** (*however great*), **dá fhad** (*however long*), **dá laghad** (*however little*), etc. :—

dá mhéad **airgead** atá aige níl sé sásta.
dá fhad an **oíche** tagann an lá.
dá laghad í an **obair** is ea is lú an tuarastal.

(*m*) nouns in absolute construction (i.e. *forming part of an independent clause or phrase outside the main sentence*):—

an **fear** a rinne é tá sé marbh anois.
an **bhean** a labhair leat tá a mac marbh.
ní troimide an ceann an **chiall** (*the head is none the heavier for having sense*).

(*n*) **The Common Form** after **prepositions**:—

(i) after **ach, amhail, gan, go dtí, idir, mar, murach, ná, seachas**:—

gach duine **ach an t-athair** (*everyone except the father*);
amhail an t-athair (*like the father*);
gan an t-airgead, gan chiall, duine **gan mhaith**;
go dtí an t-aerfort (*to the airport*), **go dtí an t-uisce**;
idir an t-am a tháinig sé **agus an t-am** a thosaigh an cluiche;
idir fhir agus mhná (*both men and women*);
idir an geata agus an doras (*between the gate and the door*);
teach **mar an teach** atá agatsa (*a house like yours*);
murach an t-airgead (*only for the money*; *were it not for the money*);

is fearr an tsláinte **ná an t-airgead** (*health is better than wealth*);
fear éigin eile **seachas Tomás** (*somebody else besides Thomás*).

(ii) after **a** (*with verbal nouns*), **ag, ar, as, chuig, dar, de, do, faoi, go, i, ionsar, le, ó, roimh, thar trí, um**:—

ar tí an bád **a dhíol** (*about to sell the boat*);
ag an **athair**, ag **Seán**, ag an **fhear (bhfear)**;
as an **uisce**, as **teach**, as an **pháirc (bpáirc)**;
ar an **arán**, ar **meisce**, ar an **chrann (gcrann)**;
chuig an **athair**, chuig **fear**, chuig an **fhear (bhfear)**;
den **asal**, de **ór (d'ór)**, den **chrann**;
don **asal**, do **Áine (d'Áine)**, don **fhear**;
san **uisce**, in **oráiste**, i **bpáirc**, sa **pháirc**;
faoin **uisce**, faoi **uisce**, faoi **chrann**, faoin **chrann (gcrann)**;
go **hifreann**, go **Corcaigh**, go **hAlbain**;
leis an **airgead**, le **hairgead**, leis an **chat (gcat)**;
ón **oileán**, ó **oileán**, ó **Pheadar**, ón **chat (gcat)**;
roimh an **am**, roimh **am**, roimh **Dhia**, roimh an **chat (gcat)**;
thar an **uisce**, thar an **bhord (mbord)**;
tríd an **uisce**, trí **Bhéarla**, tríd an **pholl (bpoll)**;
um an **arán**, um **Cháisc**, um an **bhia (mbia)**.

The Genitive Case (An Tuiseal Ginideach).

4. In Irish one noun governs another noun in the **Genitive Case**:—

hata an **fhir** (*the man's hat*).

5. The *Genitive* of a noun is used to express:—

(*a*) **origin**:—mac **Sheáin**, clann na **mná**, ubh **lachan**.

(*b*) **possession**:—teach **Thomáis**, coinnleoirí an **Easpaig**.

(*c*) **material**:—fáinne **óir**, bróga **leathair**.

(*d*) **position**:—roth **tosaigh**, seol **deiridh**.

(*e*) **rank, station**:—fear **oibre**, mac **léinn**, cailín **aimsire**.

(*f*) **kind, description**:—oíche **gheimhridh**, maidin **shamhraidh,** Domhnach **Cásca,** Lá **Nollag,** an ghaoth **Mhárta.**

(*g*) **use**:—teach **leanna,** seomra **codlata.**

(*h*) **value**:—ticéad **scillinge,** stampa **réil.**

(*i*) **measure** (*time, age, etc.*):—pá **míosa,** leanbh **bliana.**

(*j*) **partitive Genitive**:—mo chuid **fola,** roinnt **ime.**

(*k*) **titles**:—Coláiste **Bhríde,** Scoil **Mhuire,** Scoil **Aodáin,** Sráid **Uí Chonaill.**

(*l*) **the container or its contents;**—mála **plúir,** bosca **lasán.**

(*m*) the **object** of a verbal noun when such an object **follows** the verbal noun:—ag cur **seaca** (*freezing*), ag caitheamh **airgid.**

(*n*) Genitive after **chun, trasna, timpeall, fearacht, dála, cois**:—

ag guí chun **Dé** (*praying to God*),

trasna na **tíre** (across the country),

timpeall an **domhain** (*around the world*),

bhí sé bocht, fearacht a **mhuintire** (*he was poor like his people*),

dála an **scéil** (*by the same token*)

cois na **tine** (*by the fire*).

(*o*) Genitive after **compound prepositions**:—

ar chúl, ar feadh, ar fud, ar nós, ar son; de bharr, de réir; faoi choinne, faoi dhéin; go ceann; i dteannta, i gcaitheamh, i gceann, i gcóir, i ndiaidh, i rith; in aghaidh, in aice, in áit, in éadan; le cois, le hais; os cionn, os comhair; tar éis, etc. :—

ar chúl an **dorais** (*behind the door*),

ar feadh **míosa** (*for a month*),

ar fud na **tíre** (*throughout the country*),

ar nós na **gaoithe** (*like the wind*),

ar son na **hÉireann** (*for Ireland's sake*),

de réir an **leabhair** (*according to the book*),

i ndiaidh **seachtaine** (*after a week*).

The Vocative Case (An Tuiseal Gairmeach).

6. A noun is in the **Vocative** Case when used to name the person or thing that is addressed. The particle **a** is placed before the noun and the initial consonant is aspirated:—

a Sheáin; a Mháire; a chara; a bhean uasal; a mhic; a chairde; a dhaoine uaisle.

7. Nouns are not inflected for the Vocative in phrases such as:—

(i) a **Naomh Pádraig**; a **Naomh Ciarán**; a **Rí Séamas**.
(i.e., a pair of nouns in apposition.)

(ii) a **cheann** cipín; a **rún**; a **stór**.
(i.e., terms of endearment or metaphorical in meaning.)

(iii) a **phobal** Dé; a **phobal** dílis (*dear people*).

(iv) a **Scathán** an chirt; a **mhac** Iósaif.
But,—a **Mhic** Dé; a **Mhic** na Maighdine.

8. In the **first** declension the **Vocative** and **Genitive singular** are similar in form:—

a **Sheáin**; a **mhic**.

In the other declensions the **Vocative** is similar in form to the **Common Form**:—

a **bhean**; a **Dhiarmaid**; a **chara**; a **Liam**; a **Mhaighréad**; a **rí**; a **Shiobhán**; a **Shinéad**; a **mhná**; a **chairde**, etc.

The Common Form instead of the **Genitive**.

9. There are many instances where a noun, although governed in the Genitive Case, nevertheless retains its **Common** form. Such a noun is said to be **common in form** and **genitive in function**. In the following examples such nouns are in heavy print.

(*a*) a noun which governs a definite noun in the genitive:—

cóta **mhac** Sheáin (*John's son's coat*),
iníon **fhear** an tí (*the daughter of the master of the house*).

Note that this rule does not apply (*a*) to verbal nouns:—
lucht **foghlamtha** na Gaeilge, (*b*) to phrases such as—
teach **pobail** Anagaire; foireann **leadóige** na Fraince.

(*b*) a noun which denotes quantity or part:—
ag déanamh mo **chuid** oibre (*doing my work*),
ar lorg **breis** eolais (*seeking further information*),
ag ithe **roinnt** bagúin (*eating some bacon*).

(*c*) a noun which is qualified by a number:—

> (i) numeral:—spás dhá **lá** (*a space of two days*),

> (ii) ordinal:—obair an tríú **fear** (*the third man's work*),

> (iii) personal numeral:—neart bheirt **fhear** (*the strength of two men*),

> (iv) cúpla:—ag ól cúpla **deoch** (*having a couple of drinks*).

Exceptions:—

> (i) after **aon, chéad**:—ar feadh an aon lae amháin, tosach an chéad lae.

> (ii) the noun **bean**:—teach na beirte ban.

(*d*) a noun which is subject or object of a verbal noun in constructions such as the following:—

> le linn an **cogadh** a bheith ar siúl (*while the war was on*), ag iarraidh an **bosca** a bhriseadh (*trying to break the box*).

(*e*) an **indefinite** noun which is governed by a verbal noun with ag, a,—**if the indefinite noun is qualified**:—

> ag déanamh **obair** mhaith (*doing good work*),
> ag déanamh **sár-obair** (*doing great work*),
> ag moladh **fir óga** (*praising young men*).
> But,—ag moladh na bhfear óg—a definite noun.

(*f*) a **verbal** noun which is immediately preceded by:—

> (i) a verbal noun with a, ag:—

>> ag brath **dul** abhaile,
>> ag iarraidh **seasamh** (*trying to stand*).

> (ii) a compound preposition:—

>> i ndiaidh (tar éis) **dul** abhaile (*after going home*),
>> ar tí **pósadh** (*about to marry*).

> (iii) **chun** expressing purpose:—

>> chun **imirt** le Doire (*to play for Derry*),
>> chun **troid** ina éadan (*to fight against him*).

This rule does not apply to phrases such as:—
ar tí a bpósta, seo chun reatha iad, etc.

(g) **a pair of nouns** such as Naomh Pól, Rí Séamas:—

> litreacha **Naomh Pól** (*the epistles of St. Paul*),
> teitheadh **Rí Séamas** (*the flight of King James*).

(h) other examples:—

> ag tabhairt **moladh** dó (*praising him*),
> tar éis a **rá** go dtiocfadh sé (*after saying he would come*),
> teach **Bhríd** mhór (*Bríd mór's house*),
> i ndiaidh **am** lóin (*after lunch-time*),
> timpeall **mí** ó shin (*about a month ago*).

The Partitive Genitive (An Ginideach Ranna).

10. The Partitive Genitive denotes the whole of which some part is mentioned:—

> roinnt **ime** (*some butter*), breis **airgid** (*more money*).

11. Instead of the Partitive Genitive the **Common** Form with a preposition (usually **de**) is often used:—

> Cuid **den airgead,** duine **de na fir.**

12. The partitive genitive follows **bunáite, bunús, formhór** and words which denote position:—

> **lár, tosach, tús, cúl, deireadh,** etc. :—

> > bunús an **ama** (*most of the time*),
> > formhór na **ndaoine** (*most of the people*),
> > cúl an **bháid** (*the back of the boat*).

7

THE DECLENSIONS (*Na Díochlaontaí*)

Table of Declensions.—Strong Plurals.—Weak Plurals.—Personal names.—Surnames.

1. There are **five** noun-classes or declensions, classified according to the manner in which they form the Genitive Singular.

2. The following table shows how noun-endings vary from one declension to another in the Common and Genitive Singular. Gender is also indicated.

	Common Singular ending	Genitive Singular ending	Examples	Gender
First	broad consonant	slender consonant	bád, báid	masculine
Second	consonant	-e, -í	cos, coise girseach, girsí	feminine
Third	consonant	-a	am, ama bliain, bliana	masculine and feminine
Fourth	vowel, -ín	no inflexion	rí, rí trá, trá	masculine and feminine
Fifth	vowel or slender consonant	broad consonant	pearsa, pearsan litir, litreach	feminine (mostly)

3. bean (*a woman*), **deirfiúr** (*a sister*), **dia** (*a god*), **lá** (*a day*), **leaba** (*a bed*), **mí** (*a month*), **olann** (*wool*), **siúr** (*a sister*), **talamh** (*ground, land*), **ó** (*in surnames=grandson*) are irregular.

4. Strong Plurals:—the plural form of a noun is **strong** when the form for **all cases in the plural is the same**, e.g. na ríthe (*the kings*):—

Common Plural   : Tá na **ríthe** marbh; ag na **ríthe**.
Genitive Plural   : bás na **ríthe**.
Vocative Plural   **:** a **ríthe** uaisle.

5. Weak Plurals: the plural form of a noun is **weak:**—

(*a*) if the **Common Plural** form ends in a **consonant:**—

báid (<bád, *a boat*), **cait** (<cat, *a cat*), **fir** (<fear, *a man*), **marcaigh** (<marcach, *a rider*).

(*b*) if the **Common Plural** is formed simply by adding **-a** to the common singular form:—

cosa (<cos), **géaga** (<géag), **úlla** (<úll).

The following are also weak plurals:—

beanna (<binn, *a gable or peak*), **deora** (<deoir, *a tear*), **ealaíona** (<ealaín, *an art*), **seoda** (<seoid, *a jewel*), **dúile** (<dúil, *a desire*), **glúine** (<glúin, *a knee*), **súile** (<súil, *an eye*), **ba** (<bó, *a cow*), **grásta** (<grásta, *grace*), **mná** (<bean, *a woman*).

6. A Plural form is **strong:**—

(*a*) if **syncopation, broadening,** or **vowel-change** takes place in its formation:—

(i) Syncopation:—**briathra** (<briathar, *a word or verb*).

(ii) broadening:—**flatha** (<flaith, *a prince*).

(iii) vowel-change:—**sceana** (<scian, *a knife*).

(*b*) when it ends in **-ta, -te, -tha, -the, -nna, -anna, -eanna, -acha, -eacha, -na, -í:**—

ceolta (<ceol), **coillte** (<coill), **tíortha** (<tír), **ríthe** (<rí), **tránna** (<trá), **ceachtanna** (<ceacht), **áiteanna** (<áit), **craobhacha** (<craobh), **feirmeacha** (<feirm), **ceathrúna** (<ceathrú), **scillingí** (<scilling).

7. The Genitive Plural of weak plurals is similar in form, as a rule, to the **Common singular:**—

seolta na **mbád;** scáth na **gcrann;** pá na **bhfear;** blas na **n-úll;** tormán na **gcos;** luach na **mbróg.**

Exceptions:—

(*a*) **caora** (*a sheep*), **faocha** (*a periwinkle*), and **lacha** (*a duck*) have **caorach, faochan, lachan** in the genitive plural.

(*b*) **deoir** (*a tear*), **binn** (*a gable or peak*), **ealaín** (*an art*), **seoid** (*a jewel*), **dúil** (*a desire, element*), **glúin** (*a knee*), **súil** (*an eye*) have broadened forms in the genitive plural:—ag sileadh na **ndeor** (*crying*); ar bharr na **mbeann**; eolas na **n-ealaíon**; ar lorg na **seod**; a Rí na **nDúl** (*O King of the elements*); ag ní na **nglún**; radharc na **súl** (*eyesight*).

(*c*) **grásta** (*grace*) and **bean** (*a woman*) have **grást** and **ban** in the genitive plural:—a Rí na **ngrást** (*O King of graces*); comhrá **ban**; hataí na **mban**.

8. **The Vocative Plural** of weak plurals:

(*a*) if the **common plural** form ends in a consonant, **add -a to the genitive plural form**:—a **fheara**.

(*b*) if the common plural form ends in a vowel the vocative plural is similar in form to the common plural:—a **chosa**, a **bhróga**, a **bheanna**, a **mhná**.

9. Declension of personal names. The personal names of men are masculine, those of females feminine.

(*a*) **names of men:**

(i) To the first declension belong most names ending in a broad consonant :—Ambrós, Bearnard, Breandán, Cathal, Ciarán, Colmán, Déaglán, Dónall, Donnchadh, Labhrás, Lorcán, Mícheál, Nioclás, Peadar, Pól, Séamas, Seán, Tadhg, Tomás, etc.

(ii) to the third declension belong Críostóir, Diarmaid, Iarlaith, Mathúin, Aonghas, Fearghas.

(iii) to the fourth declension belong most names ending in a vowel or slender consonant:—Antaine, Eoin, Pádraig, Pilib, Ruairí, etc.; and a few others:—Liam, Proinsias.

(*b*) **Names of females:**

Most names of females belong to the fourth declension:—Anna, Áine, Brídín, Bláthnaid, Cáit, Caitlín, Eibhlín, Eilís, Eithne, Gráinne, Íde, Maighréad, Máire, Máirín, Nóra, Nóirín, Róisín, Síle, Sinéad, Siobhán, Treasa, Tríona, Úna, etc. Bríd and Méabh belong to the second declension.

10. Declension of Surnames.

(*a*) Surnames beginning with **Ó, Mac** begin with **Ní, Nic** when females are denoted:—

Tomás Ó Dónaill, but Máire Ní Dhónaill.
Seán Mac Airt, but Nuala **Nic** Airt.

Ó, Mac become **Uí, Mic** in the genitive:—
teach Thomáis Uí Dhónaill; teach Sheáin **Mhic** Airt.

Mac, Mic, Nic are sometimes written **Mag, Mig, Nig**:—
Seán Mag Uidhir; teach Sheáin Mhig Uidhir.
Áine Nig Uidhir; teach Áine Nig Uidhir.

(*b*) Adjectival surnames are aspirated when females are denoted:—

Máire Chaomhánach, Áine Bhreatnach;
but,—Seán Caomhánach, Tomás Breatnach.
teach Mháire Chaomhánach; teach Áine Bhreatnach;
teach Sheáin Chaomhánaigh; teach Thomáis Bhreatnaigh.

(*c*) **Uí, Mic, Mig, Ní, Nic, Nig** cause aspiration:—

seoladh Sheáin Uí Bhriain (*John O'Brien's address*).
teach Thomáis Mhic Churtáin (*Tomás McCurtain's house*).
bád   Liam Mhig Fhinn (*Liam Maginn's boat*).
Máire Ní Bhriain (*Mary O'Brien*).
teach Mháire Ní Bhriain (*Mary O'Brien's house*).
Bríd Nic Chárthaigh (*Brigid McCarthy*).
iníon Bhríd Nic Chárthaigh (*Brigid McCarthy's daughter*).
teach Úna Nig Fhinn (*Agnes McGinn's house*).

(*d*) other surnames have the same form for males and females:—

Seán de Búrca; Nóra de Búrca;
Tomás Ruiséil; Máire Ruiséil;
Pádraig Lipton; Nuala Lipton;
a Phádraig Lipton; a Mháire Lipton;
teach Phádraig Lipton; teach Mháire Lipton.

11. Various uses of surnames:

(*a*) Seán Ó Briain (*John O'Brien*).

(*b*) Bean Sheáin Uí Bhriain (*Mrs. J. O'B.; J. O'B's. wife*).

(*c*) a Sheáin Uí Bhriain (*dear John O'Brien*).

(d) Máire Ní Bhriain (*Mary O'Brien*).

(e) a Mháire Ní Bhriain; teach Mháire Ní Bhriain.

(f) An Brianach; Mac Uí Bhriain (*Mr. O'Brien*).

(g) a Bhrianaigh!; a Mhic Uí Bhriain! ([*Mr.*] *O'Brien*!).

(h) teach an Bhrianaigh; teach Mhic Uí Bhriain ([*Mr.*] *O'Brien's house*).

(i) Bean an Bhrianaigh; Bean Uí Bhriain (*Mrs. O'Brien*).

(j) Iníon an Bhrianaigh; Iníon Uí Bhriain (*Miss O'Brien*).

(k) na Brianaigh; muintir Uí Bhriain (*the O'Briens*).

(l) Cér díobh tú? Cé leis tú? Cá sloinne tú?
De mhuintir Bhriain mé (*my name is O'Brien*).

12. Further examples:

(a) Tomás Ó hAogáin; an tAogánach; a Mhic Uí Aogáin; Máire Ní Aogáin; muintir Aogáin; na hAogánaigh.

(b) Brian Ó Maoileoin; Caitlín Ní Mhaoileoin; bean Bhriain Uí Mhaoileoin; Mac Uí Mhaoileoin; clann Uí Mhaoileoin; de chlann Uí Mhaoileoin mé.

(c) Tomás Mac Curtáin; Nuala Nic Churtáin; an Curtánach; a Mhic Uí Churtáin; bean Mhic Churtáin; bean an Churtánaigh; de chlann Mhic Churtáin mé.

(d) Seán Mac Giolla Chríost; Áine Nic Ghiolla Chríost; bean Sheáin Mhic Ghiolla Chríost.

(e) Eoin de Búrca; an Búrcach; bean (iníon) an Bhúrcaigh; na Búrcaigh; de mhuintir Bhúrca mé.

(f) Tomás Page; bean Thomáis Page; a Mhic Uí Page; Iníon Uí Page (*Miss Page*); de mhuintir Page mé.

13. Addressing letters to people:

(a) to a man:— (i) An tUasal Ó Labhra.

(ii) Liam Mac Annraoi, Uas.

(b) to a married woman:—Bean Mhic Ghiolla Domhnaigh.
Bean Pheadair Mhic Mhuiris.

(c) to a married woman or widow:—Úna Bean Uí Bhriain.

(d) to an unmarried woman:—Iníon Uí Cheallaigh.
Máire Ní Dhúda.

8

THE FIRST DECLENSION

1. All nouns of the first declension are **masculine** and end in a **broad consonant.**

2. The **Genitive Singular** is formed by **attenuation:**—

bád—**báid**; fear—**fir**; iasc—**éisc**; bacach—**bacaigh.** (*See page 9, par. 2.*)

3. The **Vocative Singular** has the same form, as a rule, as the genitive singular:—a **bháid**; a **fhir**; a **bhacaigh.**

But,—a phobal, a cheann cipín, a rún, a stór, a leanbh. (i.e., collective nouns, terms of endearment, metaphorical terms.)

4. If the noun has a **strong** plural, **all** cases in the plural have the same form. For weak plurals see Ch. **7,** §§. **5, 7, 8.**

5. Nouns with **weak plurals** ending in a **slender consonant:**—

Example: **an cat**

		Singular	Plural
Common	...	**an cat** don chat, ag an chat (**gcat**)	**na cait** do na cait, ag na cait
Genitive	...	bia an **chait**	bia na **gcat**
Vocative	...	a **chait**	a **chata**

Nouns declined like **cat:**

Common	Genitive	Common	Genitive
	SINGULAR		PLURAL
bád, *a boat*	tóin an **bháid**	na **báid**	seolta na **mbád**
ceann, *a head*	barr an **chinn**	na **cinn**	méid na **gceann**
cnoc, *a hill*	barr an **chnoic**	na **cnoic**	ar bharr na **gcnoc**
marcach, *a rider*	fuip an **mharcaigh**	na **marcaigh**	saol na **marcach**
páipéar, *a paper*	bun an **pháipéir**	na **páipéir**	ag léamh na **bpáipéar**
peann, *a pen*	barr an **phinn**	na **pinn**	costas na **bpeann**

More nouns declined like **cat**. The genitive singular is also given:—
ball (*a limb, article*)—baill; **bonn** (*sole, coin*)—boinn;
bord (*a table*)—boird; **breac** (*a trout*)—bric;
cliabh (*chest, basket*)—cléibh; **clog** (*a clock, bell*)—cloig;
corp (*a body*)—coirp; **fód** (*a sod*)—fóid;
fear (*a man*)—fir; **naomh** (*a saint*)—naoimh;
leabhar (*a book*)—leabhair; **mac** (*a son*)—mic;
poll (*a hole*)—poill; **port** (*a tune, harbour*)—poirt;
post (*a job*)—poist; **punt** (*a pound*)—puint

and words of more than one syllable:—

(i) **blaincéad** (*a blanket*), **buidéal** (*a bottle*), **cosán** (*a path*),
casúr (*a hammer*), **galún** (*a gallon*), **focal** (*a word*),
scamall (*a cloud*), **séipéal** (*chapel*), **sparán** (*a purse*), etc.

(ii) **clúdach** (*a cover*), **cnuasach** (*a collection*), **deatach** (*smoke*),
Domhnach (*Sunday*), **fásach** (*a desert*), **misneach** (*courage*),
smólach (*a thrush*), **teaghlach** (*a family*), etc.

Nouns declined like **cat** which begin with a **vowel**:

Example: **an t-éan**

	Singular	Plural
Common ...	an t-éan ag an éan	na héin ag na héin
Genitive ...	ceol an éin	ceol na n-éan
Vocative ...	a éin	a éana

Nouns declined like **éan**:—alt, arm, aspal, earrach, easpag, iarann, imeall, iolar, ionad.

Nouns declined like **cat** which begin with **s** followed by a **vowel** or by **l, n, r**:—sagart, séipéal, suipéar, etc.

teach an **tsagairt**; doras an **tséipéil**; ag ithe an **tsuipéir**.

6. Nouns with weak plurals ending in -a:—

SINGULAR		PLURAL	
Common	Genitive	Common	Genitive
bruas, *a lip*	dath an **bhruais**	na **bruasa**	dath na **mbruas**
cág, *a jackdaw*	nead an **cháig**	na **cága**	nead na **gcág**
ceap, *a last*	ceann an **chip**	na **ceapa**	ar bharr na **gceap**
ceart, *a right*	ar son an **chirt**	na **cearta**	leabhar na **gceart**
cleas, *a trick*	eolas an **chlis**	na **cleasa**	fear na **gcleas**
úll, *an apple*	méid an **úill**	na **húlla**	blas na **n-úll**

7. Nouns with strong plurals ending in **-ta:**—
(nouns of one syllable containing a long vowel or diphthong, ending in **l, n.**)

Common Singular	Genitive Singular	Plural—all cases
saol, *a world* gaol, *a relation*	deireadh an tsaoil ainm an ghaoil	saolta gaolta

Other examples:—

ál (*a clutch, brood*), **aon** (*one, an ace*), **bán** (*pasture*), **braon** (*a drop*), **claon** (*an inclination*), **cuan** (*a harbour*), **dán** (*a poem*), **díon** (*a roof*), **dún** (*a fort*), **fál** (*a hedge*), **geall** (*a bet*), **líon** (*a net*), **lon** (*a blackbird*), **lón** (*a lunch*), **néal** (*a cloud*), **scéal** (*a story*), **seol** (*a sail*), **síol** (*a seed*), **stól** (*a stool*), etc.

8. Nouns with strong plurals in **-tha:**

glór (*a voice*)—glórtha; **múr** (*a wall, shower*)—múrtha
scór (*twenty*)—scórtha; **stór** (*a store*)—stórtha.

9. Nouns ending in **-ch, -dh** with strong plurals in **-aí, -í:**

Common Singular	Genitive Singular	Plural—all cases
bealach, *a way, road* éadach, *cloth* geimhreadh, *winter* samhradh, *summer*	i lár an bhealaigh costas an éadaigh lár an gheimhridh teas an tsamhraidh	bealaí héadaí geimhrí samhraí

Other examples:—

árthach (*a vessel*), **cladach** (*sea-shore*), **mullach** (*summit*), **soitheach** (*a vessel*), **orlach** (*an inch*); **boladh** (*a smell*), **caladh** (*a quay*), **deireadh** (*an end*), **magadh** (*joking*), **margadh** (*a market, bargain*), etc.

Note also,—**leanbh** (*a child*), glór an **linbh,** na **leanaí.**

10. Nouns with strong plurals in **-anna:**—

bás (*death*)—básanna; **carr** (*a car*)—carranna; **frog** (*a frog*), **gléas** (*an instrument, means*), **luas** (*speed*), **marc** (*a mark*), **nós** (*a custom*), **rós** (*a rose*), **spás** (*a space*), **spórt** (*sport*), **saghas** (*a kind, type*), **stad** (*a stop*), etc.

11. Nouns with strong plurals in -e after syncopation:—

bóthar (*a road*)—bóithre; **cloigeann** (*a head, skull*)—cloigne; **doras** (*a door*)—doirse; **solas** (*a light*)—soilse; **uasal** (*a noble, gentleman*)—uaisle.

12. Various examples of nouns with strong plurals:—

aonach (*a fair*)—aontaí; **cúram** (*a care*)—cúraimí; **toradh** (*a fruit, result*)—torthaí; **tobar** (*a well*)—toibreacha; **muileann** (*a mill*)—muilte; **smaoineamh** (*a thought*)—smaointe.

breitheamh (*a judge*)—breithiúna; **ollamh** (*a professor*)—ollúna.

briathar (*a word, verb*)—briathra; **gníomh** (*an act, deed*)—gníomhartha; **laoch** (*a hero*)—laochra.

talamh (*ground, land*) has two genitive singular forms—

(i) barr an **talaimh**, (ii) barr na **talún**;
Plural form—**tailte**.

13. Other examples of First Declension Nouns:—

adhmad, *wood.*	**cogadh**, *war.*	**galar**, *disease.*
aerfort, *airport.*	**coileach**, *cock.*	**gasúr**, *boy.*
Aifreann, *Mass.*	**coirnéal**, *corner.*	**gearán**, *complaint.*
aingeal, *angel.*	**coscán**, *brake.*	**gluaistean**, *car.*
airgead, *money.*	**costas**, *cost.*	**gual**, *coal.*
amadán, *fool.*	**craiceann**, *skin.*	**ifreann**, *hell.*
amhrán, *song.*	**crann**, *tree.*	**inneall**, *engine.*
arán, *bread.*	**cumann**, *society.*	**iontas**, *wonder.*
ardán, *stage.*	**dearmad**, *mistake.*	**lasán**, *match.*
áthas, *joy.*	**diabhal**, *devil.*	**leathanach**, *page.*
béal, *mouth.*	**dinnéar**, *dinner.*	**leathar**, *leather.*
biorán, *pin.*	**dóchas**, *hope.*	**mairnéalach**, *sailor.*
bradán, *salmon.*	**domhan**, *world.*	**milleán**, *blame.*
bronntanas, *gift.*	**droichead**, *bridge.*	**milseán**, *sweet.*
buicéad, *bucket.*	**eitleán**, *aeroplane.*	**nuachtán**, *newspaper.*
caisleán, *castle.*	**eolas**, *knowledge.*	**ocras**, *hunger.*
camán, *hurley.*	**feabhas**, *improvement.*	**oileán**, *island.*
capall, *horse.*	**folcadán**, *bath-tub.*	**sionnach**, *fox.*
ceantar, *district.*	**fonn**, *tune.*	**uan**, *lamb.*
ceol, *music.*	**gabhar**, *goat.*	**urlár**, *floor.*

9

THE SECOND DECLENSION

1. Nouns of the second declension (except **im, sliabh, teach**) are **feminine** and end in a **consonant.**

2. The **Genitive Singular** is formed—

(*a*) by adding **-e** to nouns ending in a **slender consonant:**—
áit—**áite**; coill—**coille**; súil—**súile.**

(*b*) by first **attenuating** and then adding **-e** to nouns ending in a **broad consonant:**—
bróg—**bróige**; cos—**coise**; lámh—**láimhe.**

(*c*) by changing final **-ach** to **-aí** and final **-each** to **-í:**—
gealach—**gealaí**; báisteach—**báistí**; girseach—**girsí.**

3. The **Vocative Singular** has the same form as the **Common Singular:**—

a **bhean**, a **Bhríd**, a **bhrídeog**, a **chailleach**, a **chlann.**

4. A **strong** plural means that **all** cases in the plural have the same form. For weak plurals see Ch. **7**, §§. **5, 7, 8.**

5. Nouns ending in **-each** with weak plurals in **-a:**

	Singular	Plural
Common ...	**an ghirseach** ag an ghirseach (ngirseach)	**na girseacha** ag na girseacha
Genitive ...	ainm na **girsí**	scoil na **ngirseach**
Vocative ...	a **ghirseach**	a **ghirseacha**

Nouns declined like **girseach:**—

cailleach (*a hag*), **báisteach** (*rain*), **báinseach** (*a lawn*), **cláirseach** (*a harp*), **tintreach** (*lightning*), **toirneach** (*thunder*), etc.

Nouns ending in -ach have -aí in the genitive singular:—

> an ghealach (*the moon*), solas na gealaí;
> an ghallúnach (*the soap*), costas na gallúnaí;
> also,—amhastrach (*barking*), abhantrach (*river-basin*), giolcach (*a reed*), gríosach (*ashes*), lathach (*mud*).

6. Nouns ending in -óg, -eog, -lann, and others, with weak plurals in -a:—

<table>
<tr><th colspan="2">SINGULAR</th><th colspan="2">PLURAL</th></tr>
<tr><th>Common</th><th>Genitive</th><th>Common</th><th>Genitive</th></tr>
<tr><td>bróg, a boot</td><td>sál na bróige</td><td>na bróga</td><td>luach na mbróg</td></tr>
<tr><td>fuinneog, a window</td><td>bun na fuinneoige</td><td>na fuinneoga</td><td>ag glanadh na bhfuinneog</td></tr>
<tr><td>clann, a family</td><td>athair na clainne</td><td>na clanna</td><td>méid na gclann</td></tr>
<tr><td>long, a ship</td><td>bord na loinge</td><td>na longa</td><td>captaein na long</td></tr>
</table>

Nouns, similarly declined, with weak plurals in -a:—

> cábóg (*a rustic*), cuileog (*a fly*), dallóg (*a window-blind*), gasóg (*a scout*), neantóg (*a nettle*), póg (*a kiss*), spideog (*a robin*), tinteog (*a stove*).

> leabharlann (*a library*), otharlann (*a hospital*), saotharlann (*laboratory*).

> adharc (*a horn*), bréag (*a lie*), cearc (*a hen*), ciall (*sense*), cloch (*a stone*), cnámh (*a bone*), críoch (*end, limit*), croch (*gallows*), cruach (*a stack, heap*), cuach (*a cuckoo*), dealbh (*a statue*), dealg (*a thorn, brooch*), gaoth (*wind*), géag (*a branch, limb*), luch (*a mouse*), méar (*a finger*), muc (*a pig*), sceach (*a bush*), scuab (*a brush*), slat (*a rod, yard*), srón (*a nose*), subh (*jam*), tuath (*country*).

7. The Genitive Plural of the following nouns should be noted:—

<table>
<tr><th colspan="2">SINGULAR</th><th colspan="2">PLURAL</th></tr>
<tr><th>Common</th><th>Genitive</th><th>Common</th><th>Genitive</th></tr>
<tr><td>binn, a peak</td><td>barr na binne</td><td>na beanna</td><td>ar bharr na mbeann</td></tr>
<tr><td>deoir, a tear</td><td>méid na deoire</td><td>na deora</td><td>ag sileadh na ndeor</td></tr>
<tr><td>súil, an eye</td><td>dath na súile</td><td>na súile</td><td>radharc na súl</td></tr>
<tr><td>dúil, desire</td><td>méid na dúile</td><td>na dúile</td><td>a Rí na ndúl</td></tr>
<tr><td>glúin, a knee</td><td>craiceann na glúine</td><td>na glúine</td><td>ag ní na nglún</td></tr>
</table>

8. Nouns (slender ending, one syllable) with **strong** plurals in -eanna:

Example: **an áit**

	Singular	Plural
Common ...	an áit san áit	na **háiteanna** ag na háiteanna
Genitive ...	muintir na **háite**	ar lorg na **n-áiteanna**

Nouns declined like **áit**:—

> **aghaidh** (*a face*), **aois** (*an age*), **beirt** (*two*), **breis** (*extra*), **céim** (*a step, degree*), **crois** (*a cross*), **cuairt** (*a visit*), **cúirt** (*a court*), **cúis** (*a cause*), **duais** (*a prize*), **fuaim** (*a sound*), **léim** (*a jump*), **páirc** (*a field*), **scoil** (*a school*), **seift** (*a plan*), **sráid** (*a street*), **stailc** (*a strike*), **teip** (*a failure*), **uaigh** (*a grave*), etc.

9. Nouns (slender enging, more than one syllable) with strong plurals in -í:

Common Singular	Genitive Singular	Plural—all cases
aimsir, *time, weather* **beairic,** *barrack* **eaglais,** *church* **sochraid,** *a funeral* **tuairisc,** *an account*	i rith na **haimsire** teach na **beairice** doras na **heaglaise** méid na **sochraide** ag scríobh na **tuairisce**	**aimsirí** **beairicí** **eaglaisí** **sochraidí** **tuairiscí**

Other examples:

> **abairt** (*a sentence*), **aicíd** (*a disease*), **aisling** (*a vision*), **brionglóid** (*a dream*), **buatais** (*a boot*), **cailís** (*a chalice*), **contúirt** (*a danger*), **faoistin** (*confession*), **feithid** (*an insect*), **foraois** (*a forest*), **inchinn** (*a brain*), **intinn** (*mind, intention*), **lámhainn** (*a glove*), **léaráid** (*a diagram*), **liathróid** (*a ball*), **neascóid** (*a boil*), **oifig** (*an office*), **réabhlóid** (*a revolution*), **reilig** (*a graveyard*), **sacraimint** (*a sacrament*), **scilling** (*a shilling*), **seachtain** (*a week*), etc.

10. Nouns with strong plurals in **-acha, -eacha:**

Example: **an chraobh**

	Singular	Plural
Common ...	**an chraobh** ar an chraobh (gcraobh)	na **craobhacha** ar na craobhacha
Genitive ...	barr na **craoibhe**	barr na **gcraobhacha**

Plurals in **-acha:**—

fréamh (*a root*), **iall** (*a leash, bootlace*), **iníon** (*a daughter*), **nead** (*a nest*), **splanc** (*a spark*).

Plurals in **-eacha:**—

carraig (*a rock*), **ceirt** (*a rag*), **cistin** (*a kitchen*), **clúid** (*a corner, cover*), **coirm** (*a feast*), **colainn** (*a body*), **féith** (*a vein*), **feirm** (*a farm*), **foirm** (*a form*), **maidin** (*morning*), **muintir** (*people*), **stoirm** (*a storm*), etc.

ubh (*an egg*); genitive singular: **uibhe**; plural: **uibheacha.**

11. Strong plurals in **-ta, -te, -tha:**

Common Singular	Genitive Singular	Plural—all cases
buíon, *a band*	ceol na **buíne**	**buíonta**
grian, *sun*	solas na **gréine**	**grianta**
pian, *a pain*	neart na **péine**	**pianta**
tonn, *a wave*	barr na **toinne**	**tonnta**
coill, *a wood*	i lár na **coille**	**coillte**
scrín, *a shrine*	cúl na **scríne**	**scrínte**
slinn, *a slate*	titim na **slinne**	**slinnte**
gáir, *a shout*	neart na **gáire**	**gártha**
spéir, *a sky*	bun na **spéire**	**spéartha**
stair, *history*	leabhar **staire**	**startha**
tír, *a country*	ar son na **tíre**	**tíortha**

Various other strong plurals:

fiacail, *a tooth*	barr na **fiacaile**	**fiacla**
scian, *a knife*	cos na **scine**	**sceana**
deoch, *a drink*	ag ól na **dí**	**deochanna**
culaith, *a suit*	costas na **culaithe**	**cultacha**
obair, *work*	i mbun na **hoibre**	**oibreacha**
paidir, *a prayer*	tús na **paidre**	**paidreacha**

12. Nouns beginning with **s** followed by a vowel or by **l, n, r,** have **t** prefixed in the **Common Singular** after the article (Ch. **5,** §. **9**):—

an tseachtain, an tslat, an tsráid, an tsrón, an tsúil;
uair sa tseachtain, leis an tslat, ar an tsráid, sa tsúil, etc.

13. The **five nouns** in the table below have a **special** form when governed by **dhá** or by the simple prepositions (ag, ar, as, etc.).

Ordinary Form	Special Form	Genitive Singular	Common Plural	Genitive Plural
bos, *palm of hand*	**bois**	lár na **boise**	na **bosa**	bualadh **bos**
bróg, *boot*	**bróig**	iall na **bróige**	na **bróga**	luach na **mbróg**
cluas, *ear*	**cluais**	bun na **cluaise**	na **cluasa**	méid na **gcluas**
cos, *leg, foot*	**cois**	bonn na **coise**	na **cosa**	tormán na **gcos**
lámh, *hand*	**láimh**	caol na **láimhe**	na **lámha**	ag ní na **lámh**

sa **bhois;** tá sé faoi **bhois** an chait agam (*I have him in the hollow of my hand*); sa **bhróig;** sa **chluais;** leis an **chois (gcois);** cad é atá ar **cois?** (*what is going on?*) de **chois** (*on foot*); le **cois** (*along with, in addition to*), lena **chois** sin (*moreover*); cuireadh faoi **chois** iad (*they were suppressed*); glacaim as **láimh** (*I undertake*); ar **láimh** (*in hands, in stock*); lámh ar **láimh** (*hand in hand*).

a dhá **chois** (*his two feet*), a dhá **cois** (*her two feet*), a dhá **gcois** (*their two feet*), mo dhá **láimh** (*my two hands*).

14. The **three nouns** in the table below are **masculine**:—

im (*butter*), **sliabh** (*a mountain*), **teach** (*a house*).

Common Singular	Genitive Singular	Plural—all cases
an **t-im** san **im**	costas an **ime**	—
an **sliabh** ar an **sliabh**	barr an **tsléibhe**	sléibhte
an **teach** sa **teach**	fear an **tí**	tithe

10

THE THIRD DECLENSION

1. The third declension includes **masculine and feminine** nouns, all ending in a **consonant.** Almost all nouns in this declension have **strong plurals.**

2. The Genitive Singular is formed by adding **-a** to the **Common Singular** (after **broadening** if necessary):—

ceacht—**ceachta**; cíos—**cíosa**; am—**ama**; cuid—**coda**; feoil—**feola**; troid—**troda**.

3. The **Vocative Singular** has the same form as the **Common Singular**:—

a **bhádóir**, a **dhochtúir**, a **Dhiarmaid**.

4. Personal nouns ending in **-aeir, -éir, -eoir, -óir, -úir** are **masculine**, with **strong** plurals in **-í**:

Example: **an bádóir**

	Singular	Plural
Common ...	an **bádóir** don bhádóir ag an bhádóir (mbádóir)	na **bádóirí**
Genitive ...	mac an **bhádóra**	saol na **mbádóirí**
Vocative ...	a **bhádóir**	a **bhádóirí**

Other examples:

Common Singular	Genitive Singular	Plural—all cases
grósaeir, *a grocer* **tincéir,** *a tinker* **cainteoir,** *a speaker* **táilliúir,** *a tailor*	siopa an **ghrósaera** bean an **tincéara** ainm an **chainteora** obair an **táilliúra**	**grósaeirí** **tincéirí** **cainteoirí** **táilliúirí**

47

Nouns similarly declined:—

> **báicéir** (*a baker*), **bearbóir** (*a barber*), **cuntasóir** (*an accountant*), **cúntóir** (*an assistant*), **custaiméir** (*a customer*), **dlíodóir** (*a lawyer*), **dochtúir** (*a doctor*), **feirmeoir** (*a farmer*), **péintéir** (*a painter*), **rinceoir** (*a dancer*), **saighdiúir** (*a soldier*), etc.

Note.—**altoir** (*an altar*) and **seanmóir** (*a sermon*) are feminine.

5. Nouns of more than one syllable in **-cht** are **feminine,** with strong plurals in **-aí**:

Common Singular	Genitive Singular	Plural—all cases
aisteoireacht (*acting*)	féith na **haisteoireachta**	——
beannacht (*blessing*)	ag tabhairt na **beannachta**	**beannachtaí**
carthanacht (*charity*)	neart na **carthanachta**	——
cumhacht (*power*)	méid na **cumhachta**	**cumhachtaí**
mallacht (*curse*)	toradh na **mallachta**	**mallachtaí**
scoláireacht (*scholarship*)	ar thóir na **scoláireachta**	**scoláireachtaí**

For other eáamples see Par 10 (*b*).

6. Feminine nouns ending in **-áint, -úint, -irt,** with strong plurals in **-í.** Note that in the formation of the **genitive singular**—

> (*a*) **final -t** is dropped from nouns ending in **-int,** e.g. canuint— **canúna,**

> (*b*) final **-t** becomes **-th-** in words ending in **-irt,** e.g. imirt— **imeartha.**

Common Singular	Genitive Singular	Plural—all cases
tiomáint, *driving*	tús na **tiomána**	**tiomáintí**
canúint, *a dialect*	ceart na **canúna**	**canúintí**
cinniúint, *fate*	cor na **cinniúna**	**cinniúintí**
bagairt, *threat*	fáth na **bagartha**	**bagairtí**
tagairt, *reference*	leabhar **tagartha**	**tagairtí**
buairt, *sorrow*	fáth mo **bhuartha**	**buarthaí**

Other examples:—

> **eisiúint** (*an issue*), **oiliúint** (*training*), **díbirt** (*banishment*), **íobairt** (*sacrifice*).

7. **Masculine** nouns (one syllable, broad ending) with **strong** plurals in **-anna, -aí**:

Common Singular	Genitive Singular	Plural—all cases
an **t-am**, ag an **am**	i rith an **ama**	**amanna**
bláth, a flower	dath an **bhlátha**	**bláthanna**
ceacht, a lesson	tús an **cheachta**	**ceachtanna**
cath, a battle	tús an chatha	**cathanna**
loch, a lake	bun an **locha**	**lochanna**
rámh, an oar	dath an **rámha**	**rámhaí**
rás, a race	deireadh an rása	**rásaí**
roth, a wheel	casadh an rotha	**rothaí**
rud, a thing	méid an **ruda**	**rudaí**

Other examples (masculine):—

acht (*an act of law*), **locht** (*fault*), **tocht** (*a mattress*), **ucht** (*breast*); **áth** (*a ford*), **dath** (*a colour*), **fáth** (*a reason*), **guth** (*a voice*), **snáth** (*thread*), **sruth** (*a stream*); **cíos** (*rent*), **luach** (*value*), **modh** (*a method*), **rang** (*a class*), etc.

8. Note the following nouns with strong plurals formed from the genitive singular:

Common Singular	Genitive Singular	Plural—all cases
cith, *a shower* (*masc.*)	tús an **cheatha**	**ceathanna**
crith, *a shiver* (*masc.*)	fáth an **chreatha**	**creathanna**
cuid, *a share* (*fem.*)	leath na **coda**	**codanna**
droim, *a back* (*masc.*)	caol an **droma**	**dromanna**
fuil, *blood* (*fem.*)	brú na **fola**	—
greim, *a grip* (*masc.*)	méid an **ghreama**	**greamanna**

9. **Various examples:**—(*a*) **Masculine** (broad endings):

Common Singular	Genitive Singular	Plural—all cases
anam, an **t-anam** (*soul*)	grásta an **anama**	**anamacha**
crios, sa **chrios** (*belt*)	búcla an **chreasa**	**criosanna**
flaith, don **fhlaith** (*prince*)	ainm an **fhlatha**	**flatha**
gleann, sa **ghleann** (*glen*)	i lár an **ghleanna**	**gleannta**
fios, *knowledge*	an déad **feasa**	—
sioc, *frost*	ag cur **seaca**	—

(b) **Feminine** (slender endings):

Common Singular	Genitive Singular	Plural—all cases
an bhliain, sa bhliain (*year*)	tús na bliana	blianta, bliana*
feoil, san fheoil (*meat*)	blas na feola	feolta
goin, *a wound*	méid na gona	gonta
an mhóin, *the turf*	baint na móna	móinte (*moors*)
an mhil, *the honey*	mí na meala	—
	(*honeymoon*)	
an tsíocháin, *the peace*	ar son na síochána	—
an toil, *the will*	in éadan na tola	tola
an troid, *the fight*	tús na troda	troideanna
an Cháisc, Easter	seachtain na Cásca	Cáiscí

* The special form **bliana** is used after numerals (3-10). *e.g.* **trí bliana**.
(See Ch. 17. § 8. Page 77.)

10. Other examples of Third Declension Nouns:—

(a) **Masculine.**

aisteoir, *actor.*	innealtóir, *engineer.*	strainséir, *stranger.*
búistéir, *butcher.*	leictreoir, *electrician.*	tarracóir, *tractor.*
clódóir, *printer.*	léitheoir, *reader.*	uaireadóir, *watch.*
cuairteoir, *visitor.*	meisceoir, *drunkard.*	buachaill, *boy.*
cuspóir, *aim, object.*	moltóir, *umpire.*	cath, *battle.*
deachtóir, *dictator.*	múinteoir, *teacher.*	dream, *party of people.*
eagarthóir, *editor.*	paisinéir, *passenger.*	fíon, *wine.*
fiaclóir, *dentist.*	scríbhneoir, *writer.*	ríocht, *kingdom.*
foclóir, *dictionary.*	siopadóir, *shopkeeper.*	snámh, *a swim.*
Gaeilgeoir, *Irish speaker.*	sprionlóir, *miser.*	teas, *heat.*

(b) **Feminine.**

anáil, *breath.*	cáilíocht, *quality.*	intleacht, *intellect.*
banríon, *queen.*	cleasaíocht, *trickery.*	milseacht, *sweetness.*
barúil, *opinion.*	cosúlacht, *likeness.*	rothaíocht, *cycling.*
éagóir, *injustice.*	eagraíocht, *organisation.*	scéalaíocht, *story-telling.*
muir, *sea.*	cisceacht, *exception.*	scolaíocht, *schooling.*
nuacht, *news.*	éisteacht, *hearing.*	tábhacht, *importance.*
poblacht, *republic.*	eolaíocht, *science.*	talmhaíocht, *agriculture.*
Samhain, *November.*	iascaireacht, *fishing.*	uaisleacht, *nobility.*

11

THE FOURTH DECLENSION

1. The fourth declension includes:—

(*a*) most nouns ending in a **vowel**:—baile, gé, rí, mála, póca.

(*b*) diminutives in **-ín**:—bróigín, capaillín, cailín, coinín.

(*c*) some masculine nouns ending in a **consonant**:—ainm; bus, máistir, seic, tobac.

2. The cases in the **singular** have the **same form**:—an **rí**, ag an **rí**, mac an **rí**, a **rí**.

The cases in the **plural** have the **same form**:—na **ríthe**, ag na **ríthe**, saol na **ríthe**, a **ríthe**.

3. Nouns ending in -**ín** are masculine as a rule.

But certain nouns in -**ín** which are derived from feminine nouns (e.g., páircín from páirc) are treated as **feminine** in the **Common Singular**, but as masculine in the genitive singular:

an pháircín bheag, sa pháircín bheag, bun an pháircín bhig.

Note, however, that **cailín, coinín, paidrín, toitín, gasóigín scolóigín** are **masculine** in every case.

Personal female names in -**ín** are feminine:—
Brídín, Máirín, Nóirín, etc.

4. Nouns ending in -**ín** with strong plurals in -**í** :

Example: **an coinín**

	Singular	Plural
Common ...	**an coinín** ag an choinín (gcoinín)	**na coiníní** ag na coiníní
Genitive ...	bia an **choinín**	bia na **gcoiníní**
Vocative ...	a **choinín**	a **choiníní**

Other examples:—

> **asailín, báidín, báisín, ceirnín, coinín, féirín** (*a present*),
> **gairdín, ispín** (*a sausage*), **ribín, sicín, toitín, veidhlín** (*a violin*), etc.

5. Nouns ending in **-a, -e,** with strong plurals in **aí, í:**

> (*a*) **Masculine:—balla** (*a wall*), **bata** (*a stick*), **dalta** (*a child*), **dílleachta** (*an orphan*), **earra** (*an article, i.e. for sale, etc.*), **garda** (*a guard*), **liosta** (*a list*), **nóta** (*a note*), **peaca** (*a sin*), **pionta** (*a pint*), **píopa** (*a pipe*), **slabhra** (*a chain*), **siopa** (*a shop*), **tiarna** (*a lord*), **tionónta** (*a tenant*), etc.
>
> **Ailtire** (*an architect*), **bairille, béile, bríste, blúire** (*a bit*), **buille** (*a blow*), **carráiste, císte, cleite** (*a feather*), **cluiche** (*a game*), **cnaipe** (*a button*), **cóiste** (*a coach*), **coiste** (*a committee*), **coláiste, dréimire** (*a ladder*), **file** (*a poet*), **garáiste** (*a garage*), **machaire** (*a plain*), **páiste** (*a child*), **paiste** (*a patch*), **pasáiste, pointe, staighre, uisce,** etc.

> (*b*) **Feminine:—bearna** (*a gap*), **beatha** (*life*), **eagla** (*fear*), **eala** (*a swan*), **easpa** (*a lack*), **lorga** (*a shin*), **réalta** (*a star*), etc.
> **aicme** (*a class*), **aiste** (*an essay*), **comhairle** (*council*), **gloine, sláinte, taibhse** (*a ghost*), **táille** (*a fee*), etc.

6. Nouns ending in **-le, -ne** with strong plurals in **-lte, -nte:**

> (*a*) **Masculine:—baile, bailte; míle, mílte; sloinne, sloinnte.**

> (*b*) **Feminine:—féile, féilte; léine, léinte; tine, tinte.**

7. Nouns ending in **-í, -aí, -aoi, -é** with strong plurals in **-the:—**

> (*a*) **Masculine:—ainmhí** (*an animal*), **ainmhithe; ceannaí** (*a buyer*), **ceannaithe; croí, croíthe; dlí** (*a law*), **dlíthe; garraí** (*a garden*), **garraithe; moncaí, moncaithe; ní** (*a thing*), **nithe; oibrí** (*a worker*), **oibrithe; rí, ríthe; saoi** (*a wise man*), **saoithe; finné** (*a witness*), **finnéithe,** etc.

Note:—That nouns of one syllable with a long vowel (**rí, croí,** etc.) keep the long vowel in the plural. **Ní, nithe,** is an exception.

> (*b*) **feminine:—bé** (*a maiden*), **béithe; laoi** (*a poem*), **laoithe,** etc.

8. Nouns with strong plurals in **-nna:—**

> (*a*) **Masculine:—ae** (*a liver*), **aenna; tae** (*tea*), **taenna; ceo** (*fog*), **ceonna; cnó** (*a nut*), **cnónna; dó** (*a burn*), **dónna; cú** (*a hound*), **cúnna; liú** (*a shout*), **liúnna; sú** (*juice*),

súnna; bia (*food*), bianna; fia (*a deer*), fianna; nia (*nephew*), nianna; bogha (*a bow*); fogha (*an attack*), togha (*choice*), etc.

(*b*) Feminine:—bá (*affection*), fleá (*a feast*), tua (*an axe*), etc.

9. Nouns ending in a consonant with strong plurals in -anna:—

bus, busanna; club, clubanna; pas, pasanna; seans (*a chance*), seansanna; stop, stopanna; tram, tramanna.

10. Various examples with strong plurals:

Masculine	Feminine
ainm (*a name*), ainmneacha	aithne (*a commandment*), aitheanta
daichead (*forty*), daichidí	guí (*a wish*), guíonna
duine (*a person*), daoine	gé (*a goose*), géanna
gabha (*a smith*), gaibhne	oíche (*night*), oícheanta
gnó (*business*), gnóthaí	slí (*a way*), slite
máistir (*a master*), máistrí	teanga (*tongue, language*), teangacha
tráthnóna (*evening*), tráthnónta	
cine (*a race, tribe*), ciníocha	
claí (*a fence*), claíocha	
contae (*a county*), contaetha	

11. Nouns with **weak** plurals: bó (*a cow*), bruach (*a bank*), grásta (*grace*):—

Sg.: an bhó, leis an bhó (mbó), cos na bó;
Pl.: na ba, cró na mbó.
Sg.: an bruach, sa bhruach, in aice an bhruach;
Pl.: na bruacha, in aice na mbruach.
Sg.: grásta, lán de ghrásta, cumhacht an ghrásta;
Pl.: na grásta, a Rí na nGrást.

12. Nouns, all masculine, not usually used in plural form:

cumha (*sorrow*), gorta (*famine*), lucht (*people*), tobac (*tobacco*).

THE FIFTH DECLENSION

1. Nouns of the fifth declension are **feminine** (with a few exceptions) and end in a **slender consonant** (-il, -in, -ir) or in a **vowel**.

e.g. riail, traein, litir, pearsa, comharsa, ceathrú.

2. The **Genitive Singular** ends in a **broad consonant.**

(*a*) Nouns ending in **-il, -in, -ir** form the Genitive by adding **-each,** or by dropping the **i** and adding **-ach,** e.g. sail—**saileach,** cáin—**cánach.** If such nouns have more than one syllable and no long vowel occurs in the last syllable, syncopation takes place in the formation of the genitive. e.g. cabhail—**cabhlach;** litir—**litreach.**

(*b*) Note in Paragraph 6 where the Genitive is formed simply by broadening the Common form.

(*c*) Nouns ending in a **vowel** form the genitive by adding **n** or **d.**
e.g. pearsa—**pearsan;** cara—**carad.**

3. The **Vocative** Singular has the same form as the **Common** Sg.: a athair, a bhráthair, a chara, a mháthair.

4. Almost all nouns in the fifth declension have **strong** plurals.

5. Nouns in **-il, -in, -ir,** with strong plurals in **-acha, -eacha:**

Common Singular	Genitive Singular	Plural—all cases
an **bheoir,** the beer	costas na **beorach**	**beoracha**
an **chathair,** the city	lár na **cathrach**	**cathracha**
an **chráin,** the sow	cró na **cránach**	**cránacha**
an **láir,** the mare	ar muin na **lárach**	**láracha**
an **nathair,** the snake	súile na **nathrach**	**nathracha**

Other examples:

Common Singular	Genitive Singular	Plural—all cases
cabhail, *a body, trunk*	neart na cabhlach	cabhlacha
cáin, *a tax*	méid na cánach	cánacha
cathaoir, *a chair*	cos na cathaoireach	cathaoireacha
riail, *a rule*	briseadh na rialach	rialacha
traein, *a train*	tiománaí na traenach	traenacha
uimhir, *a number*	leath na huimhreach	uimhreacha

Further examples:

cabhair (*help*); carcair (*a prison*); coróin (*a crown*); ithir (*soil*); litir (*a letter*); treoir (*direction*); triail (*a trial, test*); eochair (*a key*); lasair (*a flame*), etc.

6. Nouns ending in -ir, -in(n) with strong plurals in -eacha:

Common Singular		Genitive Singular	Plural—all cases
an t-athair	ag an athair	mac an athar	aithreacha
an bráthair	don bhráthair	ainm an bhráthar	bráithre
an deartháir	ag an deartháir	ainm an dearthár	deartháireacha
an mháthair	leis an mháthair	mac na máthar	máithreacha
an abhainn	san abhainn	fuaim na habhann	aibhneacha
Albain	in Albain	muintir na hAlban	—
Árainn	go hÁrainn	páistí na hÁrann	—

Note that the first three nouns in the above list are masculine.

Éire (*Ireland*), muintir na hÉireann, and Éirinn after simple prepositions (ag, ar, as, go, i, etc.)—in Éirinn, go hÉirinn, etc.

7. Feminine nouns ending in a vowel. Strong plurals formed by adding -a to the Genitive singular.

Common Singular	Genitive Singular	Plural—all cases
ceathrú, *a quarter*	leath na ceathrún	ceathrúna
comharsa, *a neighbour*	ainm na comharsan	comharsana
monarcha, *a factory*	lucht na monarchan	monarchana
pearsa, *a person*	uaisleacht pearsan	pearsana

8. fiche (*twenty*), tríocha (*thirty*), caoga (*fifty*), seasca (*sixty*), seachtó (*seventy*), ochtó (*eighty*), nócha (*ninety*) are masculine.

Genitive singular: fichead, tríochad, caogad, ochtód, etc.
Plural—all cases: fichidí, tríochaidí, caogaidí, nóchaidí, etc.

9. Cara (*a friend*) is masculine:

> **Singular:**—an **cara,** ag an **chara (gcara)**; ainm an **charad; a chara.**
>
> **Plural:**—na **cairde,** ag na **cairde;** teach na **gcairde**; a **chairde.**

Namhaid (*an enemy*) is masculine:

> Genitive singular:—ainm an **namhad**; plural:—**naimhde.**

Nollaig (*Christmas*) is feminine:

> An **Nollaig,** i rith na **Nollag;** plural:—**Nollaigí.**

10. Caora (*a sheep*), **faocha** (*a periwinkle*), **lacha** (*a duck*), (feminine) have weak plurals.

Common Singular	Genitive Singular	Common Plural	Genitive Plural
caora faocha lacha	olann na caorach ag ithe na faochan nead na lachan	caoirigh faochain lachain	olann na gcaorach baint na bhfaochan costas na lachan

11. The Provinces.

> Cúige **Uladh** (*Ulster*), muintir **Chúige Uladh.**
> Cúige **Mumhan** (*Munster*), muintir **Chúige Mumhan.**
> Cúige **Laighean** (*Leinster*), muintir **Chúige Laighean.**
> Cúige **Chonnacht** (*Connaught*), muintir **Chúige Chonnacht.**
> Muintir **Uladh,** muintir na **Mumhan,** muintir **Laighean,** muintir **Chonnacht.**

The phrases—i gConnachta, sa Mhumhain, leis an Mhumhain, etc. are in common use.

Note.—Although **Connachta** belongs to the third declension it is convenient to include it here.

13

IRREGULAR NOUNS

1. An bhean (*the woman*).

Singular:—**an bhean,** don **bhean;** hata na **mná;** a **bhean;**
Plural:—na **mná,** ag na **mná;** hataí na **mban;** a **mhná.**

2. An deirfiúr (*the sister*); teach na **deirféar;** a **dheirfiúr;**
Plural—all cases:—**deirfiúracha.**

3. An leaba (*the bed*), sa **leaba;** cóiriú na **leapa;**
Plural—all cases:—**leapacha.**

4. An mhí (*the month*), don **mhí;** lár na **míosa;**
Plural—all cases:—**míonna.**

5. An tsiúr (*the sister*), don **tsiúr,** bás na **siúrach;** a **shiúr.**
Plural—all cases:—**siúracha.**

6. An olann (*the wool*), le **holann;** dath na **holla.**

7. An talamh (*the land, earth*), ar an **talamh;** luach **an talaimh** *or*
luach **na talún;**
Plural:—**tailte.**

8. Dia, God (*masculine*), ag **Dia;** lámh **Dé;** a **Dhia;**
Plural:—**déithe.**

9. Lá, day (*masculine*), sa **lá;** tús an **lae;**
Plural:—**laethanta.**

10. Many **verbal nouns** are declined according to one or other of the five declensions, e.g. an **réiteach** (*the solution*), eolas an **réitigh** (*first declension*); an **oscailt** (*the opening*), lá na **hoscailte** (*second declension*); an **íobairt** (*the sacrifice*), altóir na **híobartha** (*third declension*); **dó** (*a burn*), plural:—**dónna** (*fourth declension*); **triail** (*a trial, test*), tús na **trialach** (*fifth declension*), etc.

Most nouns of this kind however are not declined according to any of the five declensions. The following examples illustrate the main inflexions of such nouns:

Common Singular	Genitive Singular	Plural—all cases
moladh	molta	moltaí
cleachtadh	cleachta	cleachtaí
leathadh	leata	(leataí)
réabadh	réabtha	réabthaí
briseadh	briste	bristí
baisteadh	baiste	baistí
cáitheadh	cáite	(cáití)
loiceadh	loicthe	(loicthí)
scrúdú	scrúdaithe	scrúduithe
síniú	sínithe	sínithe
síneadh	sínte	síntí

14

THE ADJECTIVE (*An Aidiacht*)

Main classes.—Predicative adjectives.—Attributive adjectives.—
Particle **go.**—Position of the adjective.

1. The following are the main classes:—

   (*a*) **descriptive**: maith, olc, mór, beag, bán, dubh, etc.

   (*b*) **possessive**: mo, do, a (*his, her*), ár, bhur, a (*their*).

   (*c*) **numeral**: dhá, trí, ceithre, etc.; chéad, dara, tríú, etc.

   (*d*) **indefinite**: áirithe, amháin, céanna, éigin, eile, etc.

   (*e*) **interrogative**: cá, cé, e.g. cá haois tú? cén fáth?

   (*f*) **demonstrative**: seo, sin, úd.

   (*g*) **the article**: an.

2. A descriptive adjective can be used in two ways:—

   (*a*) **predicatively**—when it qualifies a noun or pronoun
   indirectly as predicate or part of the predicate:—
   is **breá** an lá é; tá mé **tuirseach;** tá sé **fuar.**

   (*b*) **attributively**—when it qualifies the noun **directly**:—
   tá bean **bhocht** ag an doras; cheannaigh me an t-asal
   beag dubh; níl pingin **rua** agam.

Almost all descriptive adjectives can be used predicatively or
attributively:—

   Is **deas** an lá é; tá lá **deas** ann.

3. An adjective used **predicatively** is not (*a*) **declined,** (*b*) **eclipsed,**
(*c*) **aspirated** (except as stated in § **4**):—

   tá an fear sin **láidir;** tá na fir sin **láidir.**
   tá an bhean sin **bocht;** tá na mná sin **bocht.**
   tá an ghealach **fuar;** tá an ghrian **te.**

4. An adjective used **predicatively** is aspirated after (*a*) historic
forms of the copula (ba, níor, gur, nár, etc.); (*b*) níb, níba; (*c*) dhá,
trí, ceithre, cúig, sé:—

   ba **bhreá** an lá é; níor **mhaith** an rud é; níb-**fhearr;** d'éirigh
   an oíche níb **fhuaire** (*the night became colder*); bhí an

aimsir ag éirí níba **mheasa** (*the weather was getting worse*);
ba dhá **mheasa** ansin é (*it was much worse then*).

5. The particle **go** is often used with a predicative adjective:—
tá mé **go maith;** tá an scéal **go holc;** bhí an aimsir **go hálainn;**
bhí an cluiche **go hiontach;** tá an tsláinte **go dona** aige.

But,—is **álainn** an lá é; an bhfuil sé **fuar?** is **dorcha** an áit í; tá
sé **dona** go leor; tá sé iontach **maith;** níl sé **rómhaith;** tá sé
róláidir agam (*he is too strong for me*).

6. The following adjectives are placed **after** the noun:—

(*a*) **attributive adjectives:**—dhíol sé an bhó **bhán;** mhol sé an
bhean **bheag chóir.**

(*b*) **demonstrative adjectives:**—an fear **sin;** an bhean **seo.**

(*c*) **certain indefinite adjectives:**—áirithe, amháin, ar bith,
ar fad, céanna, éigin, eile, go léir, uile (=*all*):—

lá **áirithe** (*a certain day*); lá **amháin** (*one day*); duine **ar
bith** (*anybody*); an t-airgead **ar fad** (*all the money*);
an fear **céanna** (*the same man*); lá **éigin** (*some day*);
scéal **eile** (*another story*); na fir **go léir** (*all the men*),
an domhan **uile** (*the whole world*).

7. The following adjectives are placed **before** the noun:—

(*a*) **possessive adjectives:**—**mo** chara, **ár** n-arán.

(*b*) **numeral adjectives** (*as a rule*):—**dhá** theach, an **chéad** bhó.

(*c*) **interrogative adjectives:**—**cá** háit? **cén** fear?

(*d*) certain **indefinite** adjectives:—aon, cibé, gach, gach re,
uile (=*every*):—

níl **aon** chiall aige (*he has no sense*); **cibé** duine a bhí ann
(*whoever was there*); **cibé** rud a tharla (*whatever
happened*); **gach** Domhnach (*every Sunday*); **gach re** lá
(*every second day*); an **uile** fhocal (*every word*); gach
uile áit (*everywhere*).

8. First place is given to a descriptive adjective when two or more
adjectives follow the noun:—

an teach **mór** úd; cailín **beag** amháin.

9. **eile** may exchange places with **seo, sin, úd:**—

an fear eile úd; an fear úd eile.

15

DECLENSION OF ADJECTIVES

1. The simple form of a descriptive adjective is called the **Positive degree**:—

bán, beag, deas, mór, etc.

2. A descriptive adjective used attributively is declined, as a rule, according to the **gender, number,** and **case** of the noun which it qualifies (but see §§. 17, 18, 19).

3. An adjective qualifying a **strong-plural noun** has the **same form** for **all** cases in the plural:—

Common plural:—na cailíní **óga,** ag na cailíní **óga;**
Genitive plural:—scoil na gcailíní **óga;**
Vocative plural:—a chailíní **óga.**

4. An adjective qualifying a **weak-plural noun** has the same form for all cases in the plural except the **Genitive** which has the same form as the **Common singular**:—

Common plural:—na fir **óga,** leis na fir **óga;**
Genitive plural:—cumann na bhfear **óg;**
Vocative plural:—a fheara **óga.**

5. An adjective qualifying a **feminine singular noun** has the same form in the **Common** and **Vocative**:—

Common singular:—an bhean **bheag,** don bhean **bheag;**
Vocative singular:—a bhean **bheag.**

6. An adjective qualifying a **masculine singular noun** has the same form in the **Genitive** and **Vocative** Cases:—

Genitive singular:—hata an fhir **bhig;**
Vocative singular:—a fhir **bhig.**

7. An adjective qualifying a **plural noun** which ends in a **slender consonant** is **aspirated**:—

na fir **mhóra,** ag na fir **mhóra;** na crainn **ghlasa,** ar na crainn **ghlasa;** na capaill **bhána,** ar na capaill **bhána.**

8. Effect of the article on noun + adjective after simple prepositions in the Common Form.

(*a*) After **den, don, sa, san**:—

(i) **all nouns,** masculine and feminine (except those beginning with d, s, t), are **aspirated**:—

den **chapall,** don **fhear,** don **bhean,** sa **pháirc,** san **fharraige;** *but*,—den **doras,** den **saol,** don **tsúil,** sa **teach.**

(ii) if the noun is **masculine,** the adjective **need not** be aspirated:—
den chapall **mór;** don fhear **beag.**

(iii) if the noun is **feminine,** the adjective is **always** aspirated:—
don bhean **mhór,** sa pháirc **bheag,** sa tsúil **ghlas.**

(*b*) After **ag** an, **ar** an, **as** an, **leis** an, **faoin,** etc.

(i) **all nouns,** masculine and feminine (except those beginning with d, s, t), may be either **aspirated or eclipsed**:—

ag an **fhear** (bhfear); as an **pháirc** (bpáirc).

(ii) if the noun is **feminine,** the adjective is **always** aspirated:—

as an pháirc **bheag,** as an bpáirc **bheag,** leis an scuab **mhór.**

(iii) if we choose to **aspirate** a **masculine** noun, the adjective is aspirated:—

ar an fhear **mhór;** ar an chapall **bhán;** leis an chrann **ghlas.**

(iv) if we choose to **eclipse** a **masculine** noun, the adjective is not affected:—

ar an bhfear **mór;** ar an gcapall **bán;** ar an gcrann **glas.**

(*c*) an adjective is not usually aspirated when it qualifies a **masculine** noun whose initial cannot be aspirated (e.g., initial d, s, t, l, n, r, etc. or a vowel) or which we do not **choose** to aspirate:—

den doras **bán;** don lampa **dearg;** sa teach **mór;** san úll **glas;** leis an leabhar **mór;** ag an mac **bocht;** as an mála **trom,** etc.

9. The following table shows the eight main declensions of adjectives (except those which become syncopated by inflexion). Aspiration is not indicated.

Common Singular	Gen. Sg. Masc.	Gen. Fem. Sg.	Common Pl.
1. **bán,** white	báin	báine	bána
2. **díreach,** straight	dírigh	dírí	díreacha
3. **bacach,** lame	bacaigh	bacaí	bacacha
4. **leisciúil,** lazy	leisciúil	leisciúla	leisciúla
5. **mall,** slow, late	mall	maille	malla
6. **maith,** good	maith	maithe	maithe
7. **buíoch,** grateful	buíoch	buíthí	buíocha
8. **gnách,** usual	gnách	gnáthaí	gnácha

10. Adjectives declined like **bán** (the genitive singular masculine is also given):—

    (*a*) **ard** (*high, tall*), aird; **beag,** big; **bocht,** boicht; **bog,** boig; **borb** (*gruff*), boirb; **caol** (*slender*), caoil; **dall** (*blind*), daill; **dearg** (*red*), deirg; **donn** (*brown*), doinn; similarly:—**dubh** (*black*), **fuar** (*cold*), **glas** (*green*), **gorm** (*blue*), **marbh** (*dead*), **mór** (*big*), **úr** (*fresh*), etc.

    (*b*) **bríomhar** (*lively*), bríomhair; **lúfar** (*athletic*), lúfair; similarly:—**ceolmhar** (*musical*), **ceomhar** (*foggy*), **ciallmhar** (*sensible*), **fíochmhar** (*fierce*), **grámhar** (*affectionate*), **greannmhar** (*funny*), **luachmhar** (*precious*), **sultmhar** (*jolly*), etc.

Examples:—(*a*) **an fear beag** (masculine, weak plural).

           (*b*) **an páiste beag** (masculine, strong plural).

SINGULAR

Common	⎧ an fear **beag** ⎨ ar an bhfear **beag** ⎩ ar an fhear **bheag**	⎧ an páiste **beag** ⎨ ag an bpáiste **beag** ⎩ ag an pháiste **bheag**	
Genitive	hata an fhir **bhig**	gáire an pháiste **bhig**	
Vocative	a fhir **bhig**	a pháiste **bhig**	

	Weak Plural	Strong Plural
Common	⎧ na fir **bheaga** ⎨ ag na fir **bheaga**	⎧ na páistí **beaga** ⎨ ag na páistí **beaga**
Genitive	hataí na bhfear **beag**	scoil na bpáistí **beaga**
Vocative	a fheara **beaga**	a pháistí **beaga**

SINGULAR

Common Genitive Vocative	{	an bhean **mhór** ag an mbean **mhór** ag an bhean **mhór** hata na mná **móire** a bhean **mhór**	{	an chathair **mhór** as an gcathair **mhór** sa chathair **mhór** soilse na cathrach **móire** a chathair **mhór**

	Weak Plural		Strong Plural
Common Genitive Vocative	{ na mná **móra** ag na mná **móra** hataí na mban **mór** a mhná **móra**	{	na cathracha **móra** sna cathracha **móra** soilse na gcathracha **móra** a chathracha **móra**

11. Adjectives declined like **díreach, bacach:**—

(a) **díreach:**—aireach (*careful*), aisteach (*queer*), **bídeach** (*tiny*), **cainteach** (*talkative*), **díograiseach** (*zealous*), **faiteach** (*timid*), **flúirseach** (*plentiful*), **fuilteach** (*bloody*), **leictreach** (*electric*), **náireach** (*shameful*), **práinneach** (*urgent*), etc.

(b) **bacach:**—achrannach (*twisted, quarrelsome*), aerach (*airy*), **amhrasach** (*suspicious*), **baolach** (*dangerous*), **brónach** (*sad*), **ciontach** (*guilty*), **ciotach** (*awkward*), **codlatach** (*sleepy*), **costasach** (*expensive*), **iontach** (*wonderful*), **fadálach** (*slow*), **feargach** (*angry*), **fiosrach** (*inquisitive*), **Gaelach** (*Irish*), **ocrach** (*hungry*), **salach** (*dirty*), **sealadach** (*temporary*), etc.

Examples:—(a) **Masculine.**

Common Singular	Genitive Singular	Common Plural
an gasúr **cainteach**	ainm an ghasúir **chaintigh**	na gasúir **chainteacha**
an bóthar **achrannach**	eolas an bhóthair **achrannaigh**	na bóithre **achrannacha**
an fear **fiosrach**	mac an fhir **fhiosraigh**	na fir **fhiosracha**
an t-éan **bídeach**	ceol an éin **bhídigh**	na héin **bhídeacha**
an rí **Gaelach**	bás an rí **Ghaelaigh**	na ríthe **Gaelacha**

(b) **Feminine.**

an bhean **chainteach**	bás na mná **caintí**	na mná **cainteacha**
an chlann **Ghaelach**	saol na clainne **Gaelaí**	na clanna **Gaelacha**
an áit **uaigneach**	lár na háite **uaigní**	na háiteanna **uaigneacha**
an chos **bhacach**	pian na coise **bacaí**	na cosa **bacacha**
an pháirc **shalach**	lár na páirce **salaí**	na páirceanna **salacha**

12. Adjectives declined like **leisciúil**:

áitiúil (*local*), bliantúil (*annual*), bródúil (*proud*), cáiliúil (*famous*), ceanúil (*loving*), cairdiúil (*friendly*), dathúil (*handsome*), fearúil (*manly*), flaithiúil (*generous*), laethúil (*daily*), misniúil (*courageous*), poncúil (*punctual*), saoithiúil (*peculiar*), stairiúil (*historic*), suimiúil (*interesting*), etc.

Note:—(i) that there is **no inflection** in the **genitive masculine singular,** (ii) that the genitive feminine singular has the same form as the common plural.

Examples:—(*a*) **Masculine**: an garda fearúil.

	Singular	Plural (strong)
Common	an garda **fearúil** ag an ngarda **fearúil** ag an gharda **fhearúil**	na gardaí **fearúla** ag na gardaí **fearúla**
Genitive	bás an gharda **fhearúil**	bás na ngardaí **fearúla**
Vocative	a gharda **fhearúil**	a ghardaí **fearúla**

(*b*) **Feminine**: an chlann chairdiúil.

	Singular	Plural (weak)
Common	an chlann **chairdiúil** don chlann **chairdiúil**	na clanna **cairdiúla** do na clanna **cairdiúla**
Genitive	teach na clainne **cairdiúla**	tithe na gclann **cairdiúil**
Vocative	a chlann **chairdiúil**	a chlanna **cairdiúla**

13. Adjectives declined like (*a*) **mall,** (*b*) **maith,** (*c*) **buíoch,** (*d*) **gnách:**—

(*a*) **mall:**—adjectives of one syllable ending in **-ll** (except **dall**):—**toll** (*hollow*), or ending in **-nn** (except **donn**):—**fann** (*weak*), **fionn** (*fair*), **gann** (*scarce*), or ending in **-ch, -cht:**—**fliuch** (*wet*), **moch** (*early*), **docht** (*firm*), **nocht** (*naked*); also, **deas** (*nice*), **cúng** (*narrow*), **mear** (*fast*), **trom** (*heavy*), **tur** (*dry*), etc.

(*b*) **maith:**—most adjectives which end in a slender consonant (except those ending in **-úil** and a few in **-ir**):—**fiáin** (*wild*), **glic** (*cute, clever*), **mín** (*fine, smooth*), **réidh** (*smooth, easy*). **séimh** (*mild*), **tinn** (*sick*), etc.

(c) **buíoch**:—adjectives ending in **-íoch**:—**faillíoch** (*negligent*) **fuíoch** (*copious*), **imníoch** (*anxious*), etc.

(d) **gnách**:—adjectives (except **lách**) ending in **-ch** preceded by a long vowel:—**díomách** (*disappointed*), **gleoch** (*noisy*), **spleách** (*dependent*), **sóch** (*happy*), etc.

Adjectives declined like **mall, maith, buíoch, gnách,** have the same form in all cases of the singular when they qualify a masculine noun, e.g.

an fear **maith,** ag an fhear **mhaith,** hata an fhir **mhaith,** a fhir **mhaith**;

an páiste **fionn,** ag an bpáiste **fionn,** ainm an pháiste **fhionn**;

an lá **fliuch,** tús an lae **fhliuch,** etc.

Special note should be made of genitive feminine singular forms:—

fionn—**finne**; fliuch—**fliche**; deas (*nice*), **deise**;

fiáin—**fiáine**; imníoch—**imníthí**; gleoch—**gleothaí**, etc.

an bhean **fhionn,** hata na mná **finne,** a bhean **fhionn**;

an mháthair **imníoch,** brón na máthar **imníthí,** a mháthair **imníoch,** etc.

14. The following adjectives are in common use and their inflexions should be noted:—

Common Singular	Gen. Masc. Sg.	Gen. Fem. Sg.	Common Plural
gearr, short	gearr	giorra	gearra
beacht, exact	beacht	beaichte	beachta
lách, affable	lách	láí	lácha
tapaidh, quick	tapaidh	tapaí	tapaí
te, hot	te	te	teo
breá, fine	breá	breá	breátha

15. Adjectives which end in a vowel (except **te, breá**) are not inflected, e.g., **aibí** (*ripe*), **crua** (*hard*), **rua** (*red*):—

an fear **rua,** don fhear **rua,** hata an fhir **rua,** a fhir **rua**;

na fir **rua,** ag na fir **rua,** hataí na bhfear **rua,** a fheara **rua.**

16. Adjectives which become syncopated by inflexion. Syncopated forms are in heavy type.

Common Singular	Gen. Masc. Sg.	Gen. Fem. Sg.	Common Plural
ramhar, fat	ramhair	raimhre	ramhra
folamh, empty	folaimh	foilmhe	folmha
bodhar, deaf	bodhair	bodhaire	bodhra
umhal, humble	umhail	umhaile	umhla
daingean, firm	daingin	daingne	daingne
íseal, low	ísil	ísle	ísle
uasal, noble	uasail	uaisle	uaisle
álainn, beautiful	álainn	áille	áille
domhain, deep	domhain	doimhne	doimhne
saibhir, rich	saibhir	saibhre	saibhre
deacair, hard	deacair	deacra	deacra
aoibhinn, pleasant	aoibhinn	aoibhne	aoibhne
tirim, dry	tirim	tirime	tiorma
socair, calm	socair	socra	socra

Others declined like **saibhir**:—**daibhir** (*poor*), **deimhin** (*certain*), **dílis** (*faithful*), **láidir** (*strong*), **milis** (*sweet*).

Examples:—(*a*) **Masculine**: an duine saibhir.

	Singular	Plural (strong)
Common Genitive Vocative	{ an duine **saibhir** { don duine **saibhir** mac an duine **shaibhir** a dhuine **shaibhir**	{ na daoine **saibhre** { leis na daoine **saibhre** saol na ndaoine **saibhre** a dhaoine **saibhre**

(*b*) **Feminine**: an bhean uasal.

	Singular	Plural (weak)
Common Genitive Vocative	{ an bhean **uasal** { don bhean **uasal** teach na mná **uaisle** a bhean **uasal**	na mná **uaisle** ag na mná **uaisle** tithe na mban **uasal** a mhná **uaisle**

17. An adjective does not agree in **number** with its noun—

(*a*) when the noun is qualified by **dhá, trí** . . . **deich**:—
dhá **bhád bheaga**; trí **bhád mhóra**;
seacht **gcapall** déag **bhána**; rás na seacht **gcapall** déag **bhána**.

(*b*) when the noun is qualified by **beirt**:—

> beirt **fhear mhóra;** beirt **bhan bheaga;**
> neart bheirt **fhear mhóra;** troid na beirte **ban bheaga;**
> neart na beirte **fear mhóra,** etc.

18. Adjectives qualifying the personal names of females are not inflected:—

> teach Mháire **Bhán;** iníon Bhríd **Mhór.**

19. Adjectives are not inflected when they are immediately preceded by an adverb:—

> daoine measartha **saibhir;**
>
> crainn cuíosach **mór;**
>
> dhá lá réasúnta **tirim.**

16

COMPARISON OF ADJECTIVES

A.—The Comparison of Equality.

1. This comparison denotes an equal degree of the quality in question on the part of two things (persons, places, etc.).

The following constructions are common:—

(a) **chomh + adjective + le:—**

Tá Seán **chomh láidir le** capall (*John is as strong as a horse*).
Tá Máire **chomh cliste le** Liam (*Mary is as clever as Liam*).
Níl Liam **chomh maith leatsa** (*Liam is not as good as you*).
Níl sé **chomh maith** de bhádóir **leatsa** (*he is not as good a boatman as you*).

(b) **chomh + adjective + seo (sin, siúd):—**

Níl sé **chomh hard sin** go fóill (*he is not as tall as that yet*).
An raibh sé **chomh falsa sin** anuraidh? (*Was he as lazy as that last year?*).

(c) **chomh + adjective + agus + verb:—**

Tá sé **chomh holc agus a bhí** sé riamh (*he is as bad as he ever was*).

Tháinig mé **chomh gasta agus a thiocfadh** liom (*I came as quickly as I could*).

(d) Nouns and adjectives compounded with **comh:—**

Ní raibh a **chómhaith** de cheoltóir le fáil (*his equal as a singer was not to be found*).

Is **comhionann** an dá thriantán (*the two triangles are identical*).

B.—The Comparative Degree.

2. The comparative degree denotes a higher degree of the quality in question when **two or more** things (persons, places, etc.) are being compared.

In English a distinction is made between comparisons which involve two things (e.g. Tom is the **taller** of the two) and those which involve more than two (e.g., Tom is the **tallest** in the class). Such a distinction does not exist in Irish, e.g., Is í an tsúil chlé an tsúil **is fearr** agam (*my left eye is the* **better** [*of the two*]); Is é Seán an gasúr **is fearr** sa rang (*John is the* **best** *boy in the class*).

If we compare the ages of four boys—A, B, C, D, we can state the same fact in two different ways:—

(*a*) Tá A **níos sine** ná na gasúir eile (A *is older than the other boys*).

(*b*) Is é A an gasúr **is sine** (A *is the oldest boy*).

In both cases A is compared with B, C, and D. The second sentence does not indicate a higher degree of the quality (age) but really states the same degree, only looked at from a different point of view.

3. The Comparative form of the adjective is the same as the **genitive singular feminine** form (except in the case of irregular comparatives):—báine, saibhre, fearúla.

Examples:

Positive Degree	Comparative Degree
capall **bán**	capall **níos báine**, an capall **is báine**
tamall **gearr**	tamall níos **giorra**, an tamall **is giorra**
fear **ard**	fear níos **airde**, an fear **is airde**

4. Irregular Comparatives (in heavy type).

beag (*small*)	.. **lú**	maith (*good*)	.. **fearr**
breá (*fine*)	.. **breátha**	olc (*bad*)	.. **measa**
dócha (*likely*)	.. **dóichí**	te (*hot*)	.. **teo**
fada (*long*)	.. **faide**	tréan (*strong*)	.. **tréine** ⎤
fogus (*near*)	.. **foisce**		**treise** ⎦
furasta (*easy*)	.. **fusa**	mór (*big*)	... **mó**
iomaí (*many*)	.. **lia**	—	**túisce**
ionúin (*beloved*) ..	**ionúine** ⎤		(*sooner,*
	ansa ⎦		*soonest,*
			first).

Notes.—1. **túisce** has no positive degree.
2. The comparative form is not declined.

Examples:—Bhí Seán go holc ach bhí Síle níos measa.

Is measa Seán ná Liam (*John is worse than Liam*).

Is maith liom tae ach caife is fearr liom (*I like tea but I prefer coffee*).

6. Construction with the Copula (the verb **is**)+**ná**:—

> Is fearr Cáit ná Cathal (*Kate is better than Cathal*).
> Is airde Seán ná mise (*John is taller than I*).
> Is óige mise ná tusa (*I am younger than you*).
> Is fearr rith maith ná drochsheasamh.

7. Construction with **Tá**+**níos**:—

> (*a*) **níos** is put before the adjective when the comparison holds good for present or future time (primary tenses):—

>> Tá an ghrian níos gile ná an ghealach.
>> Tá an aimsir níos fearr anois.
>> Beidh Peadar níos saibhre ná a athair.

> (*b*) **níos** or **níb, níba** is used when the comparison is altogether past or conditional (historic tenses).

>> **níb** is used before vowels or **fh**+vowel.
>> **níba** is used before consonants and causes aspiration.

>> D'éirigh Peadar níos saibhre (níba shaibhre) ná a athair.
>> Ghlac sé post níos fearr (níb fhearr).
>> Bhí an aimsir níos measa (níba mheasa) ansin.

8. Sometimes the second part of a comparison (ná . . .) is omitted:—

> Is fearr fanacht sa leaba inniu.
> Glac ceann níos fearr.

9. níos, níb, níba are not used when the adjective is part of a relative clause with the copula:—

> Tá bád agam **is fearr** ná do cheannsa.
> D'imir sé cluiche **ab fhearr** ná sin go minic.
> Is í an tsúil dheas [an ceann] **is laige** aige.
> Chonaic mé easpag **ab óige** ná eisean.
> Dhíol sé an bhó **ab fhearr** den iomlán.

10. Construction with the preposition **ar**:—

> (*a*) Tá Seán **ar an duine** is cliste sa rang.
> (*b*) Tá Seán **ar na daoine** is cliste sa rang.

(*a*) expresses the fact that John is the **cleverest** boy in the class.

(*b*) expresses the fact that John is **among the cleverest** boys.

Similarly:—

> (*a*) Tá Corcaigh **ar an chathair** is deise sa tír.

> (*b*) Tá Corcaigh **ar na cathracha** is deise sa tír.

(*a*) Cork is the nicest city in the country.

(*b*) Cork is one of the nicest cities in the country.

11. Phrases which have the function of comparative adjectives:—

> **Is mó is fíor** anois é ná riamh (*it is truer now than ever*)
> =**Is fíre** anois é ná riamh.
>
> Ba iad na mná **ba mhó ba chiontach** (*the women were the most blameworthy*)
> =Ba iad na mná **ba chiontaí.**
>
> an cainteoir **is mó cáil** (*the most renowned speaker*)
> =an cainteoir **is cáiliúla.**
>
> an fear **is mó caint**=an fear **is caintí.**

12. The English construction—possessive adjective+comparative (superlative) of an adjective+noun (e.g., *my eldest son*)—is translated into Irish as follows:—

> my eldest son=**an mac is sine agam.**
>
> his youngest daughter=**an iníon is óige aige.**

Note that, in Irish, the possessive adjective is not used.
a mhac is sine=is é a mhac an duine is sine.

This is an identification sentence and means, "his son is the oldest".

C.—The Degree of Deficiency.

13. This degree denotes "what is almost the case".

Thus, "He is almost dead" can be translated in the following ways:—

> (*a*) Is beag nach bhfuil sé marbh.

> (*b*) Tá sé beagnach marbh.

> (*c*) Tá sé (de) chóir a bheith marbh.

> (*d*) Tá sé marbh beagnach; tá sé marbh nach mór.

14. Corresponding to the Degree of deficiency there is that which denotes "what is scarcely (hardly, barely) the case".

"He is barely alive" may be translated as follows:—

(*a*) Tá sé beo ar éigean.

(*b*) Is ar éigean atá sé beo.

(*c*) Ní mó ná go bhfuil sé beo.

(*d*) Níl ann ach go bhfuil sé beo.

(*e*) Níl ann ach nach bhfuil sé marbh.

D.—Various other degrees.

Tá sé róláidir agam (*he is too strong for me*).

Is míle measa anois é (*he is a thousand times worse now*).

Tá sé trí huaire **chomh cliste** lena dheartháir (*he is three times as clever as his brother*).

Tá sé trí huaire **níos cliste** ná a dheartháir (*he is three times cleverer than his brother*).

Tá sé an-bhocht (*he is very poor*);

an-mhaith, fíormhaith, dianmhaith, iontach maith (*very good*);

an-sásta, lánsásta, iontach sásta, thar bheith sásta (*very satisfied*).

15. The use of **túisce**:—**Is túisce** deoch ná scéal (*a drink takes precedence of a story*, i.e., *drink first and tell the story afterwards*); **an túisce** a tháinig sé (*as soon as he came*); an focal is **túisce** chugam (*the first word that comes to me*), etc.

17

THE NUMERALS

A.—Cardinal Numbers.

1. Cardinal numbers are of two kinds—

(a) those without nouns (as used in counting, etc.)

(b) those with nouns.

2. We count in Irish as follows:—

0. náid	**7.** a seacht	**14.** a ceathair déag
1. a haon	**8.** a hocht	**15.** a cúig déag
2. a dó	**9.** a naoi	**16.** a sé déag
3. a trí	**10.** a deich	**17.** a seacht déag
4. a ceathair	**11.** a haon déag	**18.** a hocht déag
5. a cúig	**12.** a dó dhéag	**19.** a naoi déag
6. a sé	**13.** a trí déag	**20.** fiche

For numbers over twenty the following system is convenient:—

21. fiche a haon	**40.** daichead	**41.** daichead a haon
22. ,, ,, dó	**50.** caoga	**52.** caoga a dó
23. ,, ,, trí	**60.** seasca	**63.** seasca a trí
24. ,, ,, ceathair	**70.** seachtó	**74.** seachtó a ceathair
25. ,, ,, cúig	**80.** ochtó	**85.** ochtó a cúig
26. ,, ,, sé	**90.** nócha	**96.** nócha a sé
27. ,, ,, seacht	**100.** céad	**101.** céad a haon
28. ,, ,, hocht	**1,000.** míle	**102.** céad a dó
29. ,, ,, naoi	**10,000.** deich míle	**110.** céad a deich
30. tríocha	**1,000,000.** milliún	**120.** céad is fiche

Other examples of numbers between **100—1,000,000**:—

220. dhá chéad is fiche	**1,100.** míle is céad
221. dhá chéad fiche a haon	**3,972.** trí mhíle, naoi gcéad seachtó a dó
340. trí chéad is daichead	**4,001.** ceithre mhíle, a haon

3. The system outlined in § **2** above, besides being used for counting, has the following uses:—

(*a*) in basic Arithmetic:—

a haon is a haon sin a dó (1+1=2);
a cúig óna hocht sin a trí (8—5=3);
a deich faoina dó sin fiche (10×2=20);
a deich ar a cúig sin a dó (10÷5=2).

(*b*) stating the time:—

a haon a chlog; a dó a chlog; ceathrú i ndiaidh a sé (6·15); níl sé a hocht go fóill; i dtrátha a haon.

(*c*) in naming telephone numbers, decimal numbers, algebraic quantities, etc.:—

a sé, péire dó, náid, a trí (62203); a trí pointe a dó a cúig (3·25); a dó dhéag *xy* (12*xy*).

(*d*) in wagering:—

a trí ar a haon (3 *to* 1).

(*e*) as ordinals after nouns:—

bus a trí déag (*bus* 13); seomra a dó (*Room* 2); bealach a seacht; ardán a hocht (*platform* 8); Seoirse a Dó (*George II*); an Pápa Eoin Fiche a Trí; sa bhliain míle, naoi gcéad seasca a dó (*in the year* 1962).

4. The particle **a** is often omitted—e.g.:—

(*a*) **in card-playing**:—an t-aon hart (*the ace of hearts*); aon an mháimh (*the ace of trumps*); an dó triuf (*the deuce of clubs*); an dó spéireata (*the deuce of spades*); an deich muileata (*the ten of diamonds*), etc.

(*b*) to denote **frequency**:—thit sé faoi dhó (*he fell twice*); toradh faoi chéad (*fruit a hundredfold*), etc.

(*c*) to denote a **definite** number or numbers:—scrios amach an ceathair (*cross out the* 4); an dá cheathair (*the two fours*); na haonta, na dónna, na tríonna, etc. (*the ones, the twos, etc.*).

(*d*) to indicate a **choice** of two numbers:—dó nó trí de bhlianta ó shin; lá nó dhó (*a day or two*).

5. Cardinals with a noun.

    1. aon chapall amháin; capall amháin; capall.

   2 - 6. dhá (trí, ceithre, cúig, sé) chapall.

  7–10. seacht (ocht, naoi, deich) gcapall.

 11–16. aon (dhá, trí, . . . sé) chapall déag.

 17–19. seacht (ocht, naoi) gcapall déag.

 20, 21. fiche capall; capall is fiche.

 22–26. dhá (trí, ceithre, cúig, sé) chapall is fiche.

 27–29. seacht (ocht, naoi) gcapall is fiche.

 30–90. tríocha (daichead, caoga, seasca, seachtó, ochtó, nócha) capall.

100; 1,000; 1,000,000. céad (míle, milliún) capall.

33, 43, 53, etc. trí chapall is tríocha (daichead, . . . nócha).

34, 44, 54, etc. ceithre chapall is tríocha (daichead, . . . nócha).

37, 47, 57, etc. seacht gcapall is tríocha (daichead, . . . nócha).

 121. céad fiche is aon chapall amháin.

 340. trí chéad is daichead capall.

 111. céad is aon chapall déag.

6. Other forms.

  60, 80, 120. trí, (ceithre, sé) fichid capall.

  23. trí chapall **ar fhichid;** trí chapall **fichead.**

   2. péire bróg; péire stocaí; cúpla lá; cúpla fear.

 150. céad go leith bliain.

7. The construction with **de** is very common when the noun is qualified by some other word:—

    seacht gcinn de lachain fhiáine (*seven wild ducks*).

    aon cheann déag d'fhuinneoga móra (*eleven big windows*).

    trí cinn déag de longa cogaidh (*thirteen warships*).

8. Rules governing cardinal numbers:—

    (*a*) cardinals are followed as a rule by the **singular** form of the noun:—

        dhá **chat,** trí **bhád,** seacht **gcapall** déag.

    (*b*) aon, dhá, . . . sé (**1—6**) cause aspiration:—
        dhá **theach.**

    (*c*) seacht, ocht, naoi, deich (**7—10**) cause eclipsis:—
        ocht **gcrann.**

(*d*) the special (attenuated) forms of **bos, bróg, cluas, cos, lámh,** *viz.,* **bois, bróig, cluais, cois, láimh** are used after **dhá**:—

> dhá bhróig mhóra; ar a dhá chois bheaga; ina dhá chluais.

(*e*) the plural of **ceann,** *viz.,* **cinn** is used after trí . . . deich (**3—10**):—

> trí cinn, ceithre cinn, cúig cinn, seacht gcinn, etc.
> Cá mhéad teach atá ann? Deich gcinn.
> Cá mhéad leathanach atá ann? Cúig cinn is fiche.

(*f*) special plural forms—**bliana** (*years*), **fichid** (*twenties*), **uaire** (*hours, times*) are used after trí . . . deich (**3—10**) :—

> trí **bliana,** ceithre **bliana,** sé **bliana,** seacht **mbliana,** etc.
> trí (ceithre, cúig, sé) **fichid** teach;
> seacht (ocht, naoi, deich) **bhfichid** teach.
> trí (ceithre, cúig, sé) **huaire;**
> seacht (ocht, naoi, deich) **n-uaire.**

(*g*) **dosaen** (*a dozen*), **péire** (*a pair*), **scór** (*twenty*) are followed by the **genitive plural** of the noun:—

> dosaen **uibheacha;** dosaen **úll;** péire **stocaí;** péire **bróg;**
> scór **ban;** scór **focal.**

Cúpla takes the **common singular:—**
> cúpla bean; cúpla **deoch.**

(*h*) the singular form of the article (**an**) is used before **aon, dá, fiche, tríocha,** . . . **céad, míle, milliún**:—

> **an t-aon** fhear amháin (*the only man*); **an dá** chapall déag; **an fiche** bó seo; **an míle** punt úd; **an milliún** dollar sin.

an is also used when **trí, ceithre** . . . **naoi déag (3—19)** is followed by **céad, míle, milliún:—**

> **an trí chéad** teach (*the 300 houses*);
> **an seacht gcéad** fear (*the 700 men*);
> **an naoi míle dhéag** punt (*the £19,000*).

(*i*) the plural form of the article (**na**) is used before **trí, ceithre** . . . **naoi déag (3—19)** when not accompanied by céad, míle, milliún:—

> **na trí** chú (*the three hounds*); **na ceithre** chapall; **na cúig** bliana **déag** sin; **na hocht** gcinn **déag,** etc.
> **na trí** bhád; seolta **na dtrí** bhád; i gcaitheamh **na gcúig** bliana sin.

(*j*) after **aon, fiche, tríocha, . . . nócha, céad, míle, milliún,** the **singular** form of the adjective is used, agreeing in **gender** with the noun it qualifies:—

aon fhear **mór** amháin; aon bhean **mhór** amháin; an fiche capall **dubh;** seacht míle bó **dhubh.**

(*k*) after **dhá, trí, . . . naoi déag (2—19),** the **plural** form of the adjective is used, and **aspirated:**—

dhá bhád **bheaga;** trí long déag **mhóra.**

B.—Personal Numerals.

9. The Personal Numerals are as follows:—

1 person : duine, duine amháin, aon duine amháin.

2—12 persons: beirt, triúr, ceathrar, cúigear, seisear, seachtar, ochtar, naonúr, deichniúr, aon duine dhéag, dáréag.

In the case of numbers other than **2—10** and **12** the ordinary **Cardinal** system outlined in §. **5** is used:—

trí dhuine dhéag; aon bhean déag; aon fhear déag; trí fhear déag; seacht nduine dhéag; fiche páiste; tríocha fear; daichead mairnéalach, etc.
32. beirt is tríocha; **21.** duine is fiche, etc.

10. The ordinary cardinal system may be used also in the case of numbers **2—10** and **12:**—

dhá namhaid (*two enemies*); **trí** sheanbhean; Cogadh an **Dá** Aodh; An **Dá** Aspal Déag.

11. Dís (=beirt) is also a personal numeral:—

dís ban (*two women*)=beirt bhan.

12. A personal numeral may qualify a personal noun or it may stand alone:—

beirt fhear; beirt de na fir; triúr nó ceathrar a bhí ann; troid beirte; bád ceathrair; Cá mhéad gasúr?—Ochtar.

Note.—That **beirt, triúr,** etc. (standing alone) can be used instead of **dhá cheann, trí cinn,** etc., when they stand for impersonal nouns:—

Cá mhéad leabhar atá agat?—Dhá cheann, **or** beirt.

Cá mhéad cluiche a chaill sibh?—Trí cinn, **or** triúr.

But, **beirt, triúr,** etc., cannot be placed in front of an impersonal noun (ubh, cat, cloch, crann, etc.).

13. (a) The **singular** form of the noun is used after beirt, triúr, etc.:—

> beirt **fhear**; triúr **banaltra**; dáréag **aspal**.

But,—beirt **bhan**, triúr **ban**, seisear **ban**, etc.

(b) The **plural** form of the adjective is used after **beirt**:—

> beirt fhear **mhóra**; beirt bhan **bheaga**;
> neart bheirt fhear **mhóra**; caint bheirt bhan **bheaga**;
> neart na beirte fear **mhóra**; caint na beirte ban **bheaga**.

(c) The singular form of the adjective is used after triúr, ceathrar . . . (3—10, and 12):—

> ochtar fear mór; ceathrar ban beag.

But,—ochtar d'fhir mhóra; ceathrar de mhná beaga.

14. **Cloigeann** (plural, **cloigne**) is sometimes used to denote persons. The plural form is used after trí, ceithre, . . . deich (3—10):—

> dhá chloigeann déag (*twelve people*);
> trí cloigne fear (*three men*); trí cloigne acu.
> seacht (ocht, naoi, deich) gcloigne.

C.—Ordinals.

15.
1st an chéad bhád; an chéad bhó; an chéad asal.
2nd an dara bád; an dara bó; an dara hasal.
3rd an tríú bád (bó, hasal).
4th an ceathrú bád (bó, hasal).
5th an cúigiú bád (bó, hasal).
6th an séú bád (bó, hasal).
7th an seachtú bád (bó, hasal).
8th an t-ochtú bád (bó, hasal).
9th an naoú bád (bó, hasal).
10th an deichiú bád (bó, hasal).
11th an t-aonú bád (bó, hasal) déag.
12th an dóú bád (bó, hasal) déag.
13th an tríú bád (bó, hasal) déag.
15th an cúigiú bád (bó, hasal) déag.
17th an seachtú bád (bó, hasal) déag.
19th an naoú bád (bó, hasal) déag.

20th   an fichiú bád (bó, hasal).
21st   an t-aonú bád (bó, hasal) is fiche.
22nd   an dóú bád (bó, hasal) is fiche.
30th   an tríochadú bád (bó, hasal).
40th   an daicheadú míle (háit).
50th   an caogadú míle (háit).
60th   an seascadú míle (háit).
70th   an seachtódú míle (háit).
80th   an t-ochtódú míle (háit).
90th   an nóchadú míle (háit).
100th; 1,000th; 1,000,000th   an céadú (an míliú, an milliúnú) míle.
101st   an céad is aonú míle (háit).
111th   an céad is aonú míle déag.
312th   an trí chéad is dóú míle déag.

Note.—That the order of the numbers is the same for cardinals as for ordinals.

16. A possessive adjective does not usually precede a noun which is qualified by an ordinal:—

> **an chéad mhac aige** (*his first son*);
> **an dara hiníon aige** (*his second daughter*);
> **an tríú deirfiúr le Seán** (*John's third sister*).

But,—a chéad mhac; ár gcéad athair, etc. are sometimes used.

17. **chéad** (*first*) may be used with a **plural** noun:—

> Bhí Brian **ar na chéad daoine** a tháinig isteach (*Brian was among the first people to come in*);
> **na chéad bhlianta** ar scoil (*the first years at school*).

18. The use of **gach** (*every*):—

> gach dara teach (*every second house*);
> gach ceathrú lá (*every fourth day*);
> gach re lá (*every second day*).

D.—Fractions.

19. The Ordinal forms (except **chéad, dara**) are used to indicate fractions.

$\frac{1}{2}$	leath; leath bealaigh (*half way*); leathlá (*a half day*).		
$\frac{1}{3}$	trian; trian na n-úll; trian den úll.		
$\frac{2}{3}$	dhá thrian; dhá thrian den domhan.		
$\frac{1}{4}$	ceathrú	$\frac{1}{20}$	fichiú
$\frac{3}{4}$	trí cheathrú	$\frac{1}{30}$	tríochadú
$\frac{2}{5}$	dhá chúigiú	$\frac{1}{40}$	daicheadú
$\frac{5}{6}$	cúig shéú	$\frac{1}{50}$	caogadú
$\frac{4}{7}$	ceithre sheachtú	$\frac{1}{60}$	seascadú
$\frac{5}{8}$	cúig ochtú	$\frac{1}{70}$	seachtódú
$\frac{7}{9}$	seacht naoú	$\frac{1}{80}$	ochtódú
$1\frac{1}{2}$	a haon go leith	$\frac{1}{90}$	nóchadú
$2\frac{1}{2}$ **lbs.**	dhá phunt go leith	$\frac{1}{100}$	céadú
$2\frac{1}{4}$ **stone.**	dhá chloch is ceathrú.	$\frac{1}{29}$	an fiche naoú cuid.

20. More difficult fractions may be conveniently read as follows:—

$\frac{1}{11}$ a haon ar a haon déag

$\frac{23}{24}$ fiche a trí ar fiche a ceathair.

21. Cuid may be used with simple fractions where necessary in order to avoid ambiguity or repetition:—

$\frac{1}{29}$ an fiche naoú cuid;

$\frac{1}{99}$ an nócha naoú cuid;

Is fearr leath an airgid ná a chúigiú cuid.

22. Leath may mean (*a*) a half, (*b*) one of a pair:—

(*a*) leathdhoras, leathphingin, leath-thonna.

(*b*) tá sé ar leathshúil (*he has only one eye*);

ar leathchois, ar leathchluais, ar leathláimh.

18

PRONOMINALS

1. Pronominals include—

    (a) the personal pronouns;

    (b) prepositional pronouns;

    (c) possessive adjectives;

    (d) synthetic forms of the verb.

2. The Personal Pronouns:—

    Singular: **1. mé**   **2. tú**   3. (masc.) **sé, é**
                                      3. (fem.) **sí, í.**

    Plural: **1. sinn**   **2. sibh**   3. **siad, iad.**

Emphatic forms:—

    Singular: **1. mise**   **2. tusa**   3. (masc.) **seisean, eisean**
                                        3. (fem.) **sise, ise.**

    Plural: **1. sinne**   **2. sibhse**   3. **siadsan, iadsan.**

3. **sé, sí, siad** are used when they **immediately** follow a predicative verb as its **subject.** In all other positions **é, í, iad** are used in the 3rd person:—

    Chuaigh **sé** amach; tá **sí** tinn; d'imigh **siad** leo.

But,—Tháinig sé isteach agus **é** fliuch báite; is capall **é;** déan **é;** níl agam ach **é;** téigh gan **í;** daoine eile seachas **iad.**

4. Besides the emphatic form mentioned in §. **2,** personal pronouns have two other important emphatic forms:—

    (a) with the retrospective pronoun **féin:**—

        mé féin agus Tomás; tú féin agus Síle;
        An é féin a rinne iad?—Is é;
        Cé agaibh is sine, tú féin nó Pól?—Mé féin.

    (b) with the demonstrative pronouns, **seo, sin, siúd** to emphasise the third person only:—

        é seo, iad sin, iad siúd; An é sin é?—Ní hé.

5.

Prepositional Pronouns

Sixteen of the simple prepositions combine with the personal pronouns to form prepositional pronouns.

Preposition	1. Singular	2. Singular	3. Masc. Sg.	3. Fem. Sg.	1. Plural	2. Plural	3. Plural
ag, *at*	agam	agat	aige	aici	againn	agaibh	acu
ar, *on*	orm	ort	air	uirthi	orainn	oraibh	orthu
as, *out of*	asam	asat	as	aisti	asainn	asaibh	astu
chun, chuig, *to*	chugam	chugat	chuige	chuici	chugainn	chugaibh	chucu
de, *from*	díom	díot	de	di	dínn	díbh	díobh
do, *to*	dom	duit	dó	di	dúinn	daoibh	dóibh
faoi, *under*	fúm	fút	faoi	fúithi	fúinn	fúibh	fúthu
i, *in*	ionam	ionat	ann	inti	ionainn	ionaibh	iontu
idir, *between*	—	—	—	—	eadrainn	eadraibh	eatarthu
ionsar, *to*	ionsorm	ionsort	ionsair	ionsuirthi	ionsorainn	ionsoraibh	ionsorthu
le, *with*	liom	leat	leis	léi	linn	libh	leo
ó, *from*	uaim	uait	uaidh	uaithi	uainn	uaibh	uathu
roimh, *before*	romham	romhat	roimhe	roimpi	romhainn	romhaibh	rompu
thar, *over*	tharam	tharat	thairis	thairsti	tharainn	tharaibh	tharstu
trí, *through*	tríom	tríot	tríd	tríthi	trínn	tríbh	tríothu
um, *about*	umam	umat	uime	uimpi	umainn	umaibh	umpu

6. Emphatic Forms.

(*a*) with suffixes:—

Singular: **1. sa** (se)　**2. sa** (se)　**3.** (masc.) **san** (sean)
　　　　　　　　　　　　　　　　　3. (fem.) **sa** (se).
Plural:　**1. e**　　　**2. sa** (se)　**3. san** (sean).

The forms in brackets are used when the prepositional pronoun has a slender ending:—

agamsa, agatsa, aigesean, againne, agaibhse, acusan.
domsa, duitse, dósan, dise, dúinne, daoibhse, dóibhsean, etc.

(*b*) with the retrospective pronoun **féin:**—

orthu féin; liom féin; agam féin; ort féin, etc.

(*c*) with seo, sin, siúd:—

Cuidigh leo seo; tabhair aire dóibh siúd; ná bac leo siúd.

7. The Possessive Adjective.

mo, m' (*my*):—mo chara, m'fhocal, m'athair.
do, d' (*your*):—do chara, d'fhocal, d'athair.
a (*his*):—a chara, a fhocal, a athair.
a (*her*):—a cara, a focal, a hathair.
ár (*our*):—ár gcara, ár bhfocal, ár n-athair.
bhur (*your*):—bhur gcara, bhur bhfocal, bhur n-athair.
a (*their*):—a gcara, a bhfocal, a n-athair.

Rule: **mo** (*my*), **do** (*your*), **a** (*his*) aspirate.
a (*her*) neither aspirates nor eclipses but prefixes **h** to vowels.
ár (*our*), **bhur** (*your*), **a** (*their*) eclipse.

This rule holds good even when **dhá** is placed between a possessive adjective and its noun:—

a dhá **bhróig** (*his two boots*); a dhá **bróig** (*her two boots*);
a dhá **iníon** (*his two daughters*); a dhá **hiníon** (*her two daughters*);
ár dhá **mbád** (*our two boats*); a dhá **mbád** (*their two boats*).

8. The prepositions **de, do, faoi, i, le, ó, trí** combine with **a** (*his, her, their*) and **ár** (*our*) to form **single words** as follows:—

	de	do	faoi	i	le	ó	trí
+a=	dá	dá	faoina	ina	lena	óna	trína
+ár=	dár	dár	faoinár	inár	lenár	ónár	trínár

Thug sé **dá** cháirde iad (*he gave them to his friends*).
Thug siad **dá** gcáirde iad (*they gave them to their friends*).
faoina chosa (*under his feet*); faoina cosa (*under her feet*);
faoinár gcosa (*under our feet*); faoina gcosa (*under their feet*);
ina phóca (*in his pocket*); inár bpócaí (*in our pockets*), etc.

9. The following forms are used with **do** (or **ag**) and a possessive
adjective (1st and 2nd person) before a **verbal noun:**—

Singular:	**1. do mo, do m'**	**2. do do, do d'**	
Plural:	**1. dár**	**2. do bhur.**	

Bhí sé do mo bhualadh (*he was beating me*).
Bhí sé do m'ionsaí (*he was attacking me*).
Bhí sé do do bhualadh (*he was beating you*).
Bhí sé do d'ionsaí (*he was attacking you*).
Bheimis dár náiriú féin (*we would be disgracing ourselves*).
Ná bígí do bhur gcrá féin (*do not be annoying yourselves*).
Bhí an doras **á** dhúnadh (*the door was being closed*).
Bhí an fhuinneog **á** hoscailt aige (*he was opening the window*).
Táthar **á** dtabhairt chun an aonaigh (*they are being brought
to the fair*).

10. cuid is often placed between a possessive adjective and
(*a*) an **abstract** noun, (*b*) a noun denoting **material,** (*c*) a **plural**
noun:—

ár gcuid smaointe; do chuid cainte; mo chuid eolais; bhur
gcuid éadaigh; ár gcuid peacaí; do chuid leabhar, etc.

11. When a possessive adjective requires **emphasis** an emphatic
suffix is attached to the noun which it qualifies. But if the noun is
qualified by an adjective the suffix is attached to the adjective:—

mo mhacsa, mo chuidse, do mhacsa, do chuidse, a mhacsan
(*his son*), a shúilsean (*his eye*), a macsa (*her son*), a súilse
(*her eye*), ár mbádna, ár gcuidne, bhur mbádsa, bhur gcuidse,
a dteachsan, a n-athairsean; mo chos-sa.
mo leanbh bochtsa; do chuid Gaeilgese; do chuidse Gaeilge;
tá mo pheannsa caillte agam.

With **féin:**—ár dtír féin; ár gceol féin; mo bhealach féin, etc.
With **seo, sin, siúd:**—a bhróga sin; a chuid airgid siúd, etc.

12. Synthetic forms of the verb are those in which both **person** and **number** are expressed in the verb itself:—

> **brisim** (*I break*)—first person, singular number.
> **bhriseamar** (*we broke*)—first person, plural.

Emphatic forms:—

> (*a*) with suffixes:—
>> téimse, rachainnse, mholamarna, bheidís-sean; chuir-fimisne, etc.
>> Cad é a dhéanfása? (*what would* **you** *do?*)—Rithfinn.
>> Buailse é! (**you** *hit it*! ; *let* **you** *hit it*!)

> (*b*) with **féin**:—
>> Druid an doras, a Sheáin.—Druid **féin** é (*shut it* **yourself**).
>> Buail an liathróid, a Phóil.—Ní bhuailfidh. Buail **féin** í (*I will not. Hit it* **yourself**).

> (*c*) with **seo, sin, siúd**:—
>> dá rachaidís **siúd** (*if* **they** *would go*).

13. The word **féin** can be used—

> (*a*) as a **retrospective pronoun**:—
>> Druid an fhuinneog, a Thomáis.—Druid **féin** í (*shut it* **yourself**).
>> É **féin** a rinne an obair (*it was* **himself** *who did the work*).
> Sometimes **féin** denotes the most important person in a group:—
>> Ba é an t-easpag **féin** a bheannaigh an scoil (*it was the bishop* **himself** *who blessed the school*).

> (*b*) as a **reflexive pronoun**:—
>> Ghortaigh sé é **féin** (*he hurt himself*);
>> Rinne sé amadán de **féin** (*he made a fool of himself*);
>> Bhí sé á bhearradh **féin** (*he was shaving himself*).

> (*c*) as an **emphatic adverb**:—
>> Déan anois **féin** é (*do it* **here and now**);
>> go deimhin **féin** (*indeed*); cheana **féin** (*already*);
>> má tá sé bocht **féin** níl sé sprionlaithe (*even though he is poor he is not miserly*).

The sentence—"Bhí an t-easpag **féin** i láthair"—could mean:

(i) the bishop **himself** was present, or,

(ii) even the **bishop** was present.

In order to avoid ambiguity an extra pronoun is often placed in front of the emphatic pronoun when the first meaning is intended:—

the bishop **himself**—an t-easpag é **féin**.
even the **bishop**—an t-easpag **féin**.
Dá bhfeicfinn **mé féin** iad (*if I saw them* **myself**).
Dá bhfeicfinn **féin** iad (*even if I saw (had seen) them*).

14. Seo, anseo, indicate nearness to the speaker:—

an fear **seo** (*this man*); iad **seo** (*these*); ól **seo** (*drink this*); an abairt **seo** a leanas (*the following sentence*); roimhe **seo** (*before this*); fan **anseo** (*wait here*); a bhean **seo** (*my good woman*); **seo** isteach é (*here he comes*).

Sin, ansin, indicate an interval (of time, space, etc.) between the speaker and the thing in question:—

Cad é an rud é **sin** atá agat? (*what's that you have?*)
Tabhair dom an leabhar **sin** (*give me that book*).
Cad é **sin** a dúirt tú? (*what's that you said?*)
Sin é an rud a chuala mé (*that's what I heard*).
Sin amach é ! (*there he goes*); roimhe **sin** (*before that*).

Úd, siúd, ansiúd indicate a greater interval (of time, space, etc.) between the speaker and the thing in question:—

féach orthu **siúd** (*look at those*, i.e., *those over there*),
an rud **úd** a dúirt Críost (*what Christ said*),
éist, a bhean **úd** (*listen, madam*),
fan amach uathu **siúd** (*keep away from* **those** *ones*),
anseo agus **ansiúd** (*here and there*).

15. Emphatic forms to denote **ownership, relationship:**—

Seán seo againne (*our John*); **an baile seo againne** (*our town*); sin é **an teach seo againne** (*that is our house*); **thíos tigh seo agaibhse** (*down at your house*).

16. The order of pronominals:—The first person is given first place; the third person is given last place:—

> mise agus an rí (*the king and I*),
> eadar mise agus tusa (*between you and me*),
> dá mba mise tusa (*if I were you*),
> an libhse nó leosan é? (*is it yours or theirs?*)
> an agatsa nó aigesean atá sé? (*is it you or he who has it?*)

17. Interrogative Pronouns.

(*a*) **cá** may refer to places or things but not to persons:—

> **Cá hainm atá ort?** (*what's your name?*); **Cá haois tú?**
> (*how old are you?*); **Cá háit a bhfuil sé?** (*where is he (it)?*);
> **Cá bhfios domsa?** (*how do I know?*); **Cá mhéad atá air?**
> (*how much is it?*)
> cá +copula:—**Cárb as tú?** (*where do you come from?*)

(*b*) **cad, céard,** are never used to refer to persons:—

> Cad é an rud é sin? Cad é sin? Cad sin? (*what's that?*);
> Cad eile a dúirt sé? (*what else did he say?*); Céard é sin?
> (*what's that?*); Céard eile a bhí sa mhála aige?

(*c*) **cé** may refer to persons, places, or things:—

> Cé aige a bhfuil an scuab? (*who has the brush?*);
> Cé hé sin? (*who is he? who is that?*); Cé hí sin? Cé sin?;
> Cé atá ag caint? (*who is talking?*); Cén chaoi a bhfuil
> tú? (*how are you?*); Cén uair a tháinig sé?; Cér díobh
> tú?—De mhuintir Nógla mé (*who are you?—my name
> is Nagle*); Cé acu ab fhearr leat? (*which would you
> prefer?*), etc.

18. Interjectional Pronouns: cá, cad, cé:—

> **Cá** hiontas duit bheith buartha! (*it's no wonder you are
> worried!*);
> **Cad** é mar thubaiste! (*what a calamity!*);
> **Cé** eile cé roimhe a mbeadh eagla orainn ach roimh Dhia
> amháin! (*whom else should we be afraid of but God alone!*)

19 Indefinite Pronouns.

(*a*) **cách** (*everyone*):—

> Tá a fhios sin ag cách (*everyone knows that*).

(*b*) **ceachtar** (*either, neither*):—

> Níl ceachtar acu ann (*neither of them is there*).

(c) **cibé** (*whoever, whatever*):—

cibé a rinne é (*whoever did it*); cibé atá ann (*whatever is there*).

As an adjective:—

cibé duine a rinne é (*whoever did it*).

(d) **eile** (*other things, everything else*):—

an teach agus eile (*the house and everything else*); i measc eile dá ndúirt sé (*among other things which he said*).

(e) **neachtar** (*one of a group, else*):—

Níl neachtar acu ann (*none (neither) of them is there*); fan i do thost, **nó neachtar acu,** téigh amach (*keep quiet or else go outside*).

(f) **té** (*the one, the person*):—

An té nach bhfuil láidir ní foláir dó bheith glic (*the one who is weak needs to be clever*); Tabhair é don **té** ar leis é (*give it to the person who owns it*).

(g) **uile** (*all*):—

Sin **uile** ! (*that's all* !);
ina dhiaidh sin is **uile** (*after all*; *nevertheless*).

20. There is no **possessive pronoun** in Irish. To translate mine, yours, theirs, etc., two constructions are used:—

(a) **possessive adjective+ceann** (emphatic form) for singular nouns.
possessive adjective+cuid (emphatic form) for plural nouns.

Cá bhfuil do cheannsa? (*where is yours?*)
Tá mo cheannsa caillte (*mine is lost*).
Seo é do chuidse (*here are yours*).
Cá bhfuil mo chuidse? (*where are mine?*)

(b) **copula+liom** (leat, leis, léi, linn, libh, leo):—

Is liomsa é (*it is mine*).
An leatsa é seo? (*is this yours?*)—Is liom.

Note.—Relative pronouns are treated in Chapter 31.

19

ANALEPSIS AND PROLEPSIS

1. Analepsis is the use of a pronominal to stand for a noun or phrase which occurs **earlier** in the sentence:—

> Bhain Seán de a hata sula ndeachaigh **sé** isteach (*John took off* his *hat before* he *went in*).

a (*his*) and **sé** (*he*) refer back to Seán.

2. Analeptic **dá** (do+a)+**abstract noun** (of degree):—

> Níl eagla **dá laghad** orm (*I'm not in the least afraid*).
> Fuair sé gach ní **dá fheabhas** (*he got everything of the best*).

3. An analeptic pronoun is often used to stand for a noun or phrase which has been taken from its normal position and placed at the beginning of the sentence for the sake of emphasis or balance:—

> **Na fir a bhí anseo inné** tháinig **siad** ar ais inniu
> (=Tháinig na fir a bhí anseo inné ar ais inniu).

siad (analeptic pronoun) refers to the phrase which has been brought to the front of the sentence.

> **An té a bhíonn amuigh** fuaraíonn **a** chuid
> (=Fuaraíonn cuid an té a bhíonn amuigh).

An té a bhíonn amuigh is brought to the beginning of the sentence and **a** takes its place.

4. Prolepsis is the use of a pronominal to stand for a noun or phrase which occurs **later** in the sentence:—

> (*a*) proleptic **é, í, iad**:—
>
>> Is **é** cuspóir an Rialtais **an Ghaeilge a chothú.**
>> Is glas **iad na cnoic i bhfad uainn.**

> (*b*) proleptic **sé**:—
>
>> Cuireann **sé** áthas orm **tú bheith anseo.**

> (*c*) proleptic **ea**:—
>
>> An **ea nach dtuigeann tú**? (*is it that you don't understand?*)
>> **ea** *anticipates* **nach dtuigeann tú.**

(*d*) proleptic **sin, é sin**:—

> Cad **é sin** duitse **cá bhfuil a thriall** ? (*what business of yours is it where he is going?*)
>
> Ba mhinic **sin** tiarna fear a chur as seilbh=Ba mhinic a chuir tiarna fear as seilbh (*it frequently happened that a landlord evicted a man*).

(*e*) proleptic **a** (possessive adjective):—

> Tá **a** fhios agat **go bhfuil an croí go holc aige** (*you know that his heart is bad*).
>
> Bhí áthas orm **a** fheabhas **a d'éirigh leo.**

dá (do+a):—

> **Dá** mhéad **airgead atá aige** níl sé sásta.
>
> **Dá** óige **iad** is ea is fearr.

á (do+a):—

> Nílim **á** rá **nach peaca** é (*I'm not saying that it's not a sin*).

(*f*) proleptic pronoun (prepositional):—

> Cé **acu** is fearr leat **bainne nó tae?**
>
> Bí cinnte **de gur agamsa atá an ceart.**

Sometimes **de** is compounded with a comparative adjective:—mó+de=**móide**; measa+de=**miste**; troime+ de=**troimide**; fearr+de=**fearrde**:—

> Ní **móide go dtiocfaidh sé** (*he is not likely to come*).
>
> Ní **fearrde** an teach **tú bheith ann** (*the house is no better for your presence*).
>
> Ní **troimide** an ceann **an chiall** (*the head is no heavier for its sense*).
>
> An **miste** dom **dul amach?** (*may I go out?*)—Ní miste (*you may*).

20

THE VERB (*An Briathar*)

1. A verb is inflected for **Mood, Tense, Person,** and **Number.**

2. There are four moods—

    (*a*) **The Imperative,** used to express **command, advice request:**—

        Lean mise; **Druid** an doras, le do thoil.

    (*b*) **The Indicative,** used in all ordinary matter-of-fact statements and questions:—

        Tuigim; Rachaidh mé leat; Cá **bhfuil** Máire?; Cá haois tú? **Thug mé** dó é.

    (*c*) **The Conditional** indicates what would happen under certain conditions:—

        Dá **n-ólfainn** sin **bheadh** deireadh liom.

    (*d*) **The Subjunctive,** used to express—

        (i) a wish:—Go **dté tú** slán; Go **dtuga** Dia ciall duit.

        (ii) what is not directly stated to be factual:—Rith sé leis sula **bhfeictí** é (*he ran away lest he should be seen*).

3. The **tense** expresses the time at which the action of the verb takes place.

    (*a*) The Imperative has only one tense—the present.

    (*b*) The Indicative has five tenses:—

        (i) **Present:**—Cluinim anois é.

        (ii) **Habitual Present:**—Téim (bím) ar scoil gach lá.

        (iii) **Past:**—Tháinig sé isteach.

        (iv) **Habitual Past** (Imperfect):—Théinn ann gach lá (*I used to go . . .*).

        (v) **Future:**—Rachaidh mé leat.

(c) The Subjunctive has two tenses:—

    (i) **Present:**—Go **dté** tú slán; Fan go **dtaga** an bus.

    (ii) **Past:**—Dá **dtéinn** ann inné . . . (*had I gone there yesterday* . . .).

(d) The Conditional can express past, present, or future time:—

    Dúirt Seán go dtiocfadh sé **inné (anois, amárach)**
    (*John said he would come yesterday (now, tomorrow)*).

4. The tenses mentioned in §. **3** are called **Simple Tenses.** They are divided into two classes—

    (a) **Primary Tenses:**—the imperative; present indicative; future indicative; present subjunctive.

    (b) **Historic Tenses:**—past indicative; imperfect indicative (=habitual past); the conditional; past subjunctive.

5. Besides the **Simple Tenses** there are **Compound Tenses** which are not simple verb-forms but phrases consisting of the verb **Bí** (tá, beidh, bhí, etc.) used as an auxiliary verb+a verbal noun or verbal adjective used to express the action.

Compound Tenses are of three kinds:—

    (a) **Continuous Tenses:**—**Bí** (tá, beidh, etc.)+**ag** (a)+**verbal noun:**—

    Tá Seán ag obair; Bhí Peadar ag rith; Beidh an sagart ag labhairt leat; an rud atá sé a dhéanamh.

    (b) **Perfect Tenses:**—**Bí** (tá, beidh, etc.)+**verbal noun** or **verba adjective:**—

    Tá mé i ndiaidh an bád **a dhíol** (*I have sold the boat*).
    Bhí mé tar éis an teach **a ghlanadh** (*I had cleaned the house*).
    Tá an bád **díolta** (*the boat is sold*).

    (c) **Periphrastic Tenses** express what is about to take place:—

    Bhí mé **ar tí** an bád a dhíol (*I was about to sell the boat*).
    Tá sé **ag brath** teach úr a cheannach.
    Tá m'athair **chun** gluaisteán eile a fháil.
    Bhí sí **ar thob** a dhéanta (*she was on the point of doing it*).

6. The Autonomous Form of a verb expresses the verbal action only, without any mention of the agent (the subject), or any indication of person or number:—

> **Briseadh** an fhuinneog (*the window was broken*).

7. The Dependent Form of an irregular verb is the form that must be used after the following verbal particles:—an, ní, nach, cá, go, mura, sula, dá:—

> An **bhfaca** tú Seán?—Ní **fhaca**; Nach **bhfaca** tú Seán?—
> Dúirt mé nach **bhfaca**; Dúirt mé go **bhfaca**; Cá **bhfuil** sé?
> mura **bhfuil** sé sa teach; dá **mbéarfainnse** air.

The dependent form is also used after the relative pronoun **a** (=*all that*), and the relative pronoun when governed by a preposition:—

> gach a **bhfuil** agam (*all that I have*);
> an teach ina **raibh** an sagart (*the house the priest was in*).

8. Synthetic verb-forms are those which express action+person+number in one word:—

> **bhrisfinn** (*I would break*).

Analytic verb-forms are those which need personal pronouns to express person and number:—

> **briseann tú** (*you break*); **bhris sé** (*he broke*).

9. We are said to **conjugate** a verb when we set it out according to mood, tense, person and number, e.g.:—

> **brisim:** indicative mood, present tense, first person, singular.

10. Verbs are divided into **two** main classes according to the form of the verb in the third person, future tense.

If the third person future ends in **-fidh, -faidh,** the verb belongs to the **First Conjugation.**

If the third person future ends in **-eoidh, -óidh,** the verb belongs to the **Second Conjugation.**

> First: bain**fidh** sé; bris**fidh** siad; caith**fidh**; rith**fidh.**
> fás**faidh**; lean**faidh**; seas**faidh**; tóg**faidh.**
>
> Second: éir**eoidh**; ins**eoidh**; taitn**eoidh.**
> ceann**óidh**; codl**óidh**; socr**óidh.**

Note.—The stem of a verb has the same form as the second person singular, Imperative, e.g.:—bris, faigh, ceannaigh.

21

FIRST CONJUGATION

1. **mol,** *praise*   **bris,** *break*

INDICATIVE MOOD

PRESENT TENSE

SINGULAR	PLURAL	SINGULAR	PLURAL
1. molaim	molaimid	brisim	brisimid
2. molann tú	molann sibh	briseann tú	briseann sibh
3. molann sé	molann siad	briseann sé	briseann siad
Autonomous: moltar		Autonomous: bristear	

PAST TENSE

1. mhol mé	mholamar	bhris mé	bhriseamar
2. mhol tú	mhol sibh	bhris tú	bhris sibh
3. mhol sé	mhol siad	bhris sé	bhris siad
Autonomous: moladh		Autonomous: briseadh	

FUTURE TENSE

1. molfaidh mé	molfaimid	brisfidh mé	brisfimid
2. molfaidh tú	molfaidh sibh	brisfidh tú	brisfidh sibh
3. molfaidh sé	molfaidh siad	brisfidh sé	brisfidh siad
Autonomous: molfar		Autonomous: bhrisfear	

IMPERFECT (*Past Habitual*)

1. mholainn	mholaimis	bhrisinn	bhrisimis
2. mholtá	mholadh sibh	bhristeá	bhriseadh sibh
3. mholadh sé	mholaidís	bhriseadh sé	bhrisidís
Autonomous: mholtaí		Autonomous: bhristí	

CONDITIONAL MOOD

1.	mholfainn	mholfaimis	bhrisfinn	bhrisfimis
2.	mholfá	mholfadh sibh	bhrisfeá	bhrisfeadh sibh
3.	mholfadh sé	mholfaidís	bhrisfeadh sé	bhrisfidís
	Autonomous: mholfaí		**Autonomous:** bhrisfí.	

SUBJUNCTIVE MOOD

PRESENT

1.	mola mé	molaimid	brise mé	brisimid
2.	mola tú	mola sibh	brise tú	brise sibh
3.	mola sé	mola siad	brise sé	brise siad
	Autonomous: moltar		**Autonomous:** bristear	

PAST

1.	molainn	molaimis	brisinn	brisimis
2.	moltá	moladh sibh	bristeá	briseadh sibh
3.	moladh sé	molaidís	briseadh sé	brisidís
	Autonomous: moltaí		**Autonomous:** bristí	

Note.—That the Past Subjunctive has the same form as the Imperfect Indicative (except for initial aspiration). In the remaining examples the Past Subjunctive is frequently omitted.

IMPERATIVE MOOD

1.	molaim	molaimis	brisim	brisimis
2.	mol	molaigí	bris	brisigí
3.	moladh sé	molaidís	briseadh sé	brisidís
	Autonomous: moltar		**Autonomous:** bristear	

Verbal Noun:— moladh　　　　　　　　　　briseadh

Verbal Adjective:—molta　　　　　　　　　briste

2. Verbs conjugated like **mol**:

Stem	Present, 1st singular	Past Tense, 1st singular	Verbal Noun	Verbal Adjective
bog, *move*	bogaim	bhog mé	bogadh	bogtha
cas, *twist*	casaim	chas mé	casadh	casta
ceap, *think*	ceapaim	cheap mé	ceapadh	ceaptha
díol, *sell*	díolaim	dhíol mé	díol	díolta
gabh, *go, take*	gabhaim	ghabh mé	gabháil	gafa
glac, *take*	glacaim	ghlac mé	glacadh	glactha
glan, *clean*	glanaim	ghlan mé	glanadh	glanta
gléas, *dress*	gléasaim	ghléas mé	gléasadh	gléasta
leag, *knock*	leagaim	leag mé	leagadh	leagtha
lean, *follow*	leanaim	lean mé	leanúint	leanta
líon, *fill*	líonaim	líon mé	líonadh	líonta
póg, *kiss*	pógaim	phóg mé	pógadh	pógtha
scríobh, *write*	scríobhaim	scríobh mé	scríobh	scríofa
seas, *stand*	seasaim	sheas mé	seasamh	seasta
stad, *stop*	stadaim	stad mé	stad	stadta
snámh, *swim*	snámhaim	shnámh mé	snámh	snáfa
tóg, *take, build*	tógaim	thóg mé	tógáil	tógtha

Verbs conjugated like **bris**:

caith, *throw*	caithim	chaith mé	caitheamh	caite
cuir, *put*	cuirim	chuir mé	cur	curtha
buail, *strike*	buailim	bhuail mé	bualadh	buailte
gluais, *move*	gluaisim	ghluais mé	gluaiseacht	gluaiste
goid, *steal*	goidim	ghoid mé	goid	goidte
rith, *run*	rithim	rith mé	rith	rite
roinn, *divide*	roinnim	roinn mé	roinnt	roinnte
scaoil, *release*	scaoilim	scaoil mé	scaoileadh	scaoilte
tit, *fall*	titim	thit mé	titim	tite
tuig, *understand*	tuigim	thuig mé	tuiscint	tuigthe

3. Special note should be made of verbs beginning with **f** or a vowel. Such verbs have **d'** placed in front in (*a*) Indicative Past, b) Imperfect Indicative, (*c*) the Conditional.

Stem	Past Tense	Imperfect	Conditional
éist, *listen*	d'éist mé	d'éistinn	d'éistfinn
iarr, *ask*	d'iarr mé	d'iarrainn	d'iarrfainn
íoc, *pay*	d'íoc mé	d'íocainn	d'íocfainn
ól, *drink*	d'ól mé	d'ólainn	d'ólfainn
fág, *leave*	d'fhág mé	d'fhágainn	d'fhágfainn
fan, *wait*	d'fhan mé	d'fhanainn	d'fhanfainn
féach, *look*	d'fhéach mé	d'fhéachainn	d'fhéachfainn

Note.—1. Forms with **d'** are not used when the dependent form of the verb is required (e.g., after **an, ní, nach,** etc.):—
níor ól mé; níor fhan mé; ní ólfainn; ní fhanfainn, etc.

2. **d'** is not placed before the **past autonomous** form:—
éisteadh, iarradh, íocadh, óladh, fágadh, etc.

4. When a verb ending in **t** or **th** (e.g., loit, caith) takes on a verb-ending beginning with **t** (e.g., -tar (tear); -tá (teá); -taí (-tí); -ta (te)) the combination **tt, tht** becomes **t**:—

> **caith** (*spend, throw*):—caitear, caiteá, caite.
>
> **loit** (*destroy*):—loitear, loiteá, loite.

5. Verbs which end in **-b, -c, -f, -g, -m, -p, -r,** have verbal adjectives ending in **-tha, -the**:—

> **lúbtha** (*bent*), **glactha** (*accepted*), **graftha** (*hoed*), **bogtha** (*moved*), **camtha** (*twisted*), **craptha** (*cramped*), **bearrtha** (*shaved*), **loiscthe** (*burnt*), **scaipthe** (*scattered*).

6. Verbs which end in **-bh, -mh,** lose the bh, mh, and have **-fa** added to form the verbal adjective:—

> **gafa,** *caught* (<gabh); **scríofa,** *written* (<scríobh).

7. Verbs of one syllable ending in **-áigh, -eoigh, -óigh, -uaigh, úigh,** have **broad f** and **slender t** in verb endings.

Example: **dóigh** (*burn*)

Present Tense:
dóim, dónn tú (sé), dóimid, dónn sibh (siad), dóitear.

Past Tense:
dhóigh mé (tú, sé), dhómar, dhóigh sibh (siad), dódh.

Imperfect:
dhóinn, dhóiteá, dhódh sé, dhóimis, dhódh sibh, dhóidis, dhóití.

Future:
dófaidh mé (tú, sé), dófaimid, dófaidh (sibh, siad), dófar.

Conditional:
dhófainn, dhófá, dhófadh sé, dhófaimis, dhófadh sibh, dhófaidís, dhófaí.

Present Subjunctive:
dó mé, dó tú, dó sé, dóimid, dó sibh, dó siad, dóitear.

Verbal noun:—dó.　　　　**Verbal adjective:**—dóite.

Verbs conjugated like **dóigh**:

Stem	Present Tense	Future	Conditional	Verbal Noun Verbal Adjective
báigh, *drown*	báim	báfaidh mé	bháfainn	bá, báite
brúigh, *bruise*	brúim	brúfaidh mé	bhrúfainn	brú, brúite
buaigh, *win*	buaim	buafaidh mé	bhuafainn	buachan, buaite
clóigh, *print*	clóim	clófaidh mé	chlófainn	cló, clóite
cráigh, *annoy*	cráim	cráfaidh mé	chráfainn	crá, cráite
luaigh, *mention*	luaim	luafaidh mé	luafainn	lua, luaite
fuaigh, *sew*	fuaim	fuafaidh mé	d'fhuafainn	fuáil, fuaite

8. Verbs of one syllable ending in **-éigh** have **slender f** and **slender t** in verb-endings.

Example:—**léigh** (*read*).

Present Tense:
léim, léann tú (sé), léimid, léann sibh (siad), léitear.

Past Tense:
léigh mé (tú, sé), léamar, léigh sibh (siad), léadh.

Future:
léifidh mé (tú, sé), léifimid, léifidh sibh (siad), léifear.

Imperfect:
léinn, léiteá, léadh sé, léimis, léadh sibh, léidís, léití.

Conditional:
léifinn, léifeá, léifeadh sé, léifimis, léifeadh sibh, léifidís, léifí.

Present Subjunctive:
lé mé, lé tú, lé sé, léimid, lé sibh, lé siad, léitear.

Verbal noun:—léamh.　　　　**Verbal adjective:**—léite.

Verbs conjugated like **léigh**:—
pléigh (*plead, dispute*); plé; pléite.
réigh (*level, solve*); réiteach; réite.
spréigh (*spray, scatter*); spré; spréite.
téigh (*warm*); téamh; téite.

9. Verbs of one syllable ending in **-igh** (preceded by a consonant or by a consonant+short vowel) have **slender f** and **slender t** in verb-endings; -odh, -onn, -omar instead of -adh, -ann, -amar.

Example:—**guigh** (*pray*).

Present:
guím, guíonn tú (sé), guímid, guíonn sibh (siad), guitear.

Past:
  ghuigh mé (tú, sé), ghuíomar, ghuigh sibh (siad), guíodh.

Future:
  guífidh mé (tú, sé), guífimid, guífidh sibh (siad), guífear.

Imperfect:
  ghuínn, ghuiteá, ghuíodh sé, ghuímis, ghuíodh sibh, ghuídís, ghuití.

Conditional:
  ghuífinn, ghuífeá,ghuífeadh sé, ghuífimis, ghuífeadh sibh, ghuífidís, ghuífí.

Present Subjunctive:
  guí mé (tú, sé), guímid, guí sibh (siad), guitear.

Verbal noun:—guí.   **Verbal adjective:**—guite.

Verbs conjugated like **guigh:**

Stem	Present	Past	Verbal Noun	Verbal Adjective
bligh, *milk*	blím, blíonn tú	bhligh mé bhlíomar	bleán	blite
figh *weave*	fím, fíonn tú	d'fhigh mé d'fhíomar	fí	fite
luigh, *lie down*	luím, luíonn tú	luigh mé luíomar	luí	luite
nigh, *wash*	ním, níonn tú	nigh mé níomar	ní	nite
suigh, *sit down*	suím, suíonn tú	shuigh mé shuíomar	suí	suite

10. A small number of verbs are inflected by broadening the stem and conjugated like **mol.**

Example:—**siúil** (*walk*), **siúlaim** (I walk).

Past Tense:
  shiúil mé (tú, sé), **shiúlamar,** shiúil sibh (siad), **siúladh.**

Future:
  siúlfaidh mé, tú, etc.

Verbal noun:—siúl.   **Verbal adjective:**—siúlta.

Conjugated like **siúil:**—taispeáin (*show*), gearáin (*complain*), tionóil (*assemble*), tionlaic (*accompany*).

22

SECOND CONJUGATION

1. Verbs of two syllables or more ending in **-aigh, -igh:**

beannaigh, *bless*   **bailigh,** *gather*

INDICATIVE MOOD

PRESENT

SINGULAR	PLURAL	SINGULAR	PLURAL

1. beannaím   beannaímid   bailím   bailímid
2. beannaíonn tú   beannaíonn sibh   bailíonn tú   bailíonn sibh
3. beannaíonn sé   beannaíonn siad   bailíonn sé   bailíonn siad
    Autonomous: beannaítear   **Autonomous: bailítear**

PAST

1. bheannaigh mé   bheannaíomar   bhailigh mé   bhailíomar
2. bheannaigh tú   bheannaigh sibh   bhailigh tú   bhailigh sibh
3. bheannaigh sé   bheannaigh siad   bhailigh sé   bhailigh siad
    Autonomous: beannaíodh   **Autonomous: bailíodh**

FUTURE

1. beannóidh mé   beannóimid   baileoidh mé   baileoimid
2. beannóidh tú   beannóidh sibh   baileoidh tú   baileoidh sibh
3. beannóidh sé   beannóidh siad   baileoidh sé   baileoidh siad
    Autonomous: beannófar   **Autonomous: baileofar**

IMPERFECT

1. bheannainn   bheannaímis   bhailínn   bhailímis
2. bheannaíteá   bheannaíodh sibh   bhailíteá   bhailíodh sibh
3. bheannaíodh sé   bheannaídís   bhailíodh sé   bhailídís
    Autonomous: bheannaítí   **Autonomous: bhailítí**

CONDITIONAL

1.	bheannóinn	bheannóimis	bhaileoinn	bhaileoimis
2.	bheannófá	bheannódh sibh	bhaileofá	bhaileodh sibh
3.	bheannódh sé	bheannóidís	bhaileodh sé	bhaileoidís
	Autonomous: bheannófaí		Autonomous: bhaileofaí	

SUBJUNCTIVE

PRESENT

1.	beannaí mé	beannaímid	bailí mé	bailímid
2.	beannaí tú	beannaí sibh	bailí tú	bailí sibh
3.	beannaí sé	beannaí siad	bailí sé	bailí siad
	Autonomous: beannaítear		Autonomous: bailítear	

PAST

1.	beannainn	beannaímis	bailínn	bailímis
2.	beannaíteá	beannaíodh sibh	bailíteá	bailíodh sibh
3.	beannaíodh sé	beannaídís	bailíodh sé	bailídís
	Autonomous: beannaítí		Autonomous: bailítí	

IMPERATIVE

1.	beannaím	beannaímis	bailím	bailímis
2.	beannaigh	beannaígí	bailigh	bailígí
3.	beannaíodh sé	beannaídís	bailíodh sé	bailídís
	Autonomous: beannaítear		Autonomous: bailítear	

Verbal Noun:— beannú　　　　　bailiú

Verbal Adjective:— beannaithe　　　bailithe

2. Verbs conjugated like beannaigh, bailigh:

Stem	Present	Past	Future	Verbal Noun	Verbal Adjective
ceannaigh, *buy*	ceannaím	cheannaigh mé	ceannóidh mé	ceannach	ceannaithe
clúdaigh, *cover*	clúdaím	chlúdaigh mé	clúdóidh mé	clúdach	clúdaithe
cuardaigh, *search*	cuardaím	chuardaigh mé	cuardóidh mé	cuardach	cuardaithe
cumhdaigh, *protect*	cumhdaím	chumhdaigh mé	cumhdóidh mé	cumhdach	cumhdaithe
cónaigh, *dwell*	cónaím	chónaigh mé	cónóidh mé	cónaí	cónaithe
corraigh, *stir*	corraím	chorraigh mé	corróidh mé	corraí	corraithe
dathaigh, *paint*	dathaím	dhathaigh mé	dathóidh mé	dathú	daite
fiafraigh, *ask*	fiafraím	d'fhiafraigh mé	fiafróidh mé	fiafraí	fiafraithe
gortaigh, *hurt*	gortaím	ghortaigh mé	gortóidh mé	gortú	gortaithe
ionsaigh, *attack*	ionsaím	d'ionsaigh mé	ionsóidh mé	ionsaí	ionsaithe
sásaigh, *satisfy*	sásaím	shásaigh mé	sásóidh mé	sásamh	sásta / sásaithe
scrúdaigh, *examine*	scrúdaím	scrúdaigh mé	scrúdóidh mé	scrúdú	scrúdaithe
socraigh, *arrange*	socraím	shocraigh mé	socróidh mé	socrú	socraithe
teastaigh, *need*	teastaíonn uaim	theastaigh uaim	teastóidh uaim	teastáil	teastáilte
tosaigh, *begin*	tosaím	thosaigh mé	tosóidh mé	tosú	tosaithe
achainigh, *request*	achainím	d'achainigh mé	achaineoidh mé	achainí	achainithe
airigh, *hear*	airím	d'airigh mé	aireoidh mé	aireachtáil	airithe
áirigh, *count*	áirím	d'áirigh mé	áireoidh mé	áireamh	áirithe
áitigh, *argue*	áitím	d'áitigh mé	áiteoidh mé	áiteamh	áitithe
cuimhnigh, *remember*	cuimhním	chuimhnigh mé	cuimhneoidh mé	cuimhneamh	cuimhnithe
cúitigh, *compensate*	cúitím	chúitigh mé	cúiteoidh mé	cúiteamh	cúitithe
dúisigh, *awake*	dúisím	dhúisigh mé	dúiseoidh mé	dúiseacht	dúisithe
éirigh, *arise*	éirím	d'éirigh mé	éireoidh mé	éirí	éirithe
éiligh, *claim*	éilím	d'éiligh mé	éileoidh mé	éileamh	éilithe
eitigh, *refuse*	eitím	d'eitigh mé	eiteoidh mé	eiteach	eitithe
imigh, *go*	imím	d'imigh mé	imeoidh mé	imeacht	imithe
réitigh, *settle*	réitím	réitigh mé	réiteoidh mé	réiteach	réitithe
smaoinigh, *think*	smaoiním	smaoinigh mé	smaoineoidh mé	smaoineamh	smaoinithe

3. Syncopated Verbs.

Verbs of more than one syllable with short final syllables in **-il,
-in, -ir, -is,** belong to this class.

cosain, *protect, cost* **inis,** *tell*

PRESENT

cosnaím, cosnaíonn tú (sé),	insím, insíonn tú (sé),
cosnaímid, cosnaíonn sibh (siad)	insímid, insíonn sibh (siad)
Autonomous: cosnaítear	**Autonomous: insítear**

PAST

chosain mé (tú, sé),	d'inis mé (tú, sé),
chosnaíomar, chosain sibh (siad)	d'insíomar, d'inis sibh (siad)
Autonomous: cosnaíodh	**Autonomous: insíodh**

FUTURE

cosnóidh mé (tú, sé),	inseoidh mé (tú, sé),
cosnóimid, cosnóidh sibh (siad)	inseoimid, inseoidh sibh (siad)
Autonomous: cosnófar	**Autonomous: inseofar**

IMPERFECT

chosnaínn, chosnaíteá, chosnaíodh sé,	d'insínn, d'insíteá, d'insíodh sé,
chosnaímis, chosnaíodh sibh, chosnaídís	d'insímis, d'insíodh sibh, d'insídís
Autonomous: chosnaítí	**Autonomous: d'insítí**

CONDITIONAL

chosnóinn, chosnófá, chosnódh sé,	d'inseoinn, d'inseofá, d'inseodh sé,
chosnóimis, chosnódh sibh, chosnóidís	d'inseoimis, d'inseodh sibh, d'inseoidís
Autonomous: chosnófaí	Autonomous: d'inseofaí

PRESENT SUBJUNCTIVE

cosnaí mé (tú, sé),	insí mé (tú, sé),
cosnaímid, cosnaí sibh (siad)	insímid, insí sibh (siad)
Autonomous: cosnaítear	Autonomous: insítear

PAST SUBJUNCTIVE

cosnainn, cosnaíteá, cosnaíodh sé,	insínn, insíteá, insíodh sé,
cosnaímis, cosnaíodh sibh, cosnaídís	insímis, insíodh sibh, insídís
Autonomous: cosnaítí	Autonomous: insítí

IMPERATIVE

cosnaím, cosain, cosnaíodh sé,	insím, inis, insíodh sé,
cosnaímis, cosnaígí, cosnaídís	insímis, insígí, insídís
Autonomous: cosnaítear	Autonomous: insítear

Verbal Noun:— cosaint	insint
Verbal Adjective:—cosanta	inste

4. Verbs conjugated like **cosain, inis:**

Stem	Present	Past	Future	Verbal Noun	Verbal Adjective
agair, *avenge*	agraim	d'agair mé	agróidh mé	agairt	agartha
bagair, *threaten*	bagraim	bhagair mé	bagróidh mé	bagairt	bagartha
ceangail, *tie*	ceanglaim	cheangail mé	ceanglóidh mé	ceangailt	ceangailte
codail, *sleep*	codlaim	chodail mé	codlóidh mé	codladh	—
cogair, *whisper*	cograim	chogair mé	cogróidh mé	cogar	cogartha
fógair, *announce*	fógraim	d'fhógair mé	fógróidh mé	fógairt	fógartha
freagair, *answer*	freagraim	d'fhreagair mé	freagróidh mé	freagairt	freagartha
iompair, *carry*	iompraim	d'iompair mé	iompróidh mé	iompar	iompartha
iomair, *row*	iomraim	d'iomair mé	iomróidh mé	iomramh	iomartha
labhair, *speak*	labhraim	labhair mé	labhróidh mé	labhairt	labhartha
múscail, *awake*	músclaim	mhúscail mé	músclóidh mé	múscailt	múscailte
escail, *open*	osclaim	d'oscail mé	osclóidh mé	oscailt	oscailte
aithin, *recognise*	aithním	d'aithin mé	aithneoidh mé	aithint	aitheanta
cigil, *tickle*	ciglím	chigil mé	cigleoidh mé	cigilt	cigilte
coigil, *spare*	coiglím	choigil mé	coigleoidh mé	coigilt	coigilte
eitil, *fly*	eitlím	d'eitil mé	eitleoidh mé	eitilt	eitilte
imir, *play*	imrím	d'imir mé	imreoidh mé	imirt	imeartha
taitin, *please*	taitnim	thaitin mé	taitneoidh mé	taitneamh	taitnithe

5. Verbs of more than one syllable which are **not** syncopated:

Present	Past	Future	Verbal Noun	Verbal Adjective
aithrisím, *I recite*	d'aithris mé	aithriseoidh mé	aithris	aithriste
foghlaimím, *I learn*	d'fhoghlaim mé	foghlaimeoidh mé	foghlaim	foghlamtha
fulaingím, *I suffer*	d'fhulaing mé	fulaingeoidh mé	fulaingt	fulaingthe
tarraingím, *I draw*	tharraing mé	tarraingeoidh mé	tarraingt	tarraingthe
tuirlingím, *I descend*	thuirling mé	tuirlingeoidh mé	tuirlingt	tuirlingthe
freastalaím, *I serve*	d'fhreastail mé	freastalóidh mé	freastal	freastalta
lorgaím, *I seek*	lorg mé	lorgóidh mé	lorg	lorgtha
taistealaím, *I travel*	thaistil mé	taistealóidh mé	taisteal	taistealta

23

IRREGULAR VERBS

1. Abair (*say*). Verbal noun:—**rá.** Verbal adjective:—**ráite.**

Present	Past	Imperfect	Future	Conditional
deirim	dúirt mé	deirinn	déarfaidh mé	déarfainn
deir tú	,, tú	deirteá	,, tú	déarfá
deir sé	,, sé	deireadh sé	,, sé	déarfadh sé
deirimid	dúramar	deirimis	déarfaimid	déarfaimis
deir sibh	dúirt sibh	deireadh sibh	déarfaidh sibh	déarfadh sibh
deir siad	,, siad	deiridís	,, siad	déarfaidís
deirtear	dúradh	deirtí	déarfar	déarfaí

Present Subjunctive:—**deir**e mé (tú, sé); **deir**imid, **deir**e sibh (siad), **deir**tear.

Imperative:—**abraim, abair, abradh** sé; **abraimis, abraigí, abraidís, abairtear.**

Beir (*catch, give birth to*). Verbal noun:—**breith.** Verbal adjective:—**beirthe.**

Present	Past	Imperfect	Future	Conditional
beirim	rug mé	bheirinn	béarfaidh mé	bhéarfainn
beireann tú	,, tú	bheirteá	,, tú	bhéarfá
,, sé	,, sé	bheireadh sé	,, sé	bhéarfadh sé
beirimid	rugamar	bheirimis	béarfaimid	bhéarfaimis
beireann sibh	rug sibh	bheireadh sibh	béarfaidh sibh	bhéarfadh sibh
,, siad	,, siad	bheiridís	,, siad	bhéarfaidís
beirtear	rugadh	bheirtí	béarfar	bhéarfaí

Present Subjunctive:—**beir**e mé (tú, sé); **beir**imid, **beir**e sibh (siad); **beir**tear.

Imperative:—**beirim, beir, beireadh** sé; **beirimis, beirigí, beiridís; beirtear.**

3. Clois (*hear*) and **Cluin** (*hear*) are both conjugated like the verb **bris** (*break*) except in the past indicative.

The past indicative is the same for both verbs:—

Singular:—**chuala** mé, **chuala tú, chuala** sé;
Plural:—**chualamar, chuala** sibh, **chuala** siad.
Autonomous:—**chualathas.**
Verbal nouns:—**cloisteáil, cluinstin.**
Verbal adjectives:—**cloiste, cluinte.**

4. Déan (*make, do*) is conjugated like **mol** (*praise*) except in the past indicative.

Present	Past*	Past (dependent)*	Imperfect
déanaim	**rinne** mé	ní **dhearna** mé	**dhéan**ainn
déanann tú	,, tú	,, ,, tú	**dhéan**tá
,, sé	,, sé	,, ,, sé	**dhéan**adh sé
déanaimid	**rinne**amar	,, **dhearna**mar	**dhéan**aimis
déanann sibh	**rinne** sibh	,, **dhearna** sibh	**dhéan**adh sibh
,, siad	,, siad	,, ,, siad	**dhéan**aidís
déantar	**rinne**adh	ní **dhearna**dh	**dhéan**taí

*The forms **dhein** mé, níor **dhein** mé, etc. are also used.

Future	Conditional	Present Subjunctive	Imperative
déanfaidh mé	**dhéan**fainn	**déan**a mé	**déan**aim
,, tú	**dhéan**fá	,, tú	**déan**
,, sé	**dhéan**fadh sé	,, sé	**déan**adh sé
déanfaimid	**dhéan**faimis	**déan**aimid	**déan**aimis
déanfaidh sibh	**dhéan**fadh sibh	**déan**a sibh	**déan**aigí
,, siad	**dhéan**faidís	,, siad	**déan**aidís
déanfar	**dhéan**faí	**déan**tar	**déan**tar

Verbal noun:—**déan**amh. Verbal adjective:—**déan**ta.

5. Faigh (*get*). Verbal noun:—**fáil.** Verbal adjective:—**faighte.**

Present	Past	Imperfect	Future	Future (dependent)
faighim	**fuair** mé	**d'fhaigh**inn	**gheobh**aidh mé	ní **bhfaigh**idh mé
faigheann tú	,, tú	**d'fhaigh**teá	,, tú	,, ,, tú
,, sé	,, sé	**d'fhaigh**eadh sé	,, sé	,, ,, sé
faighimid	**fuair**eamar	**d'fhaigh**imis	**gheobh**aimid	,, **bhfaigh**imid
faigheann sibh	**fuair** sibh	**d'fhaigh**eadh sibh	**gheobh**aidh sibh	,, **bhfaigh**idh sibh
,, siad	,, siad	**d'fhaigh**idís	,, siad	,, ,, siad
faightear	**fuar**thas	**d'fhaigh**tí	**gheo**far	,, **bhfaigh**fear

Conditional	Conditional (dependent)	Present Subjunctive	Imperative
gheobhainn	ní bhfaighinn	faighe mé	faighim
gheofá	,, bhfaighfeá	,, tú	faigh
gheobhadh sé	,, bhfaigheadh sé	,, sé	faigheadh sé
gheobhaimis	,, bhfaighimis	faighimid	faighimis
gheobhadh sibh	,, bhfaigheadh sibh	faighe sibh	faighigí
gheobhaidís	,, bhfaighidís	,, siad	faighidís
gheofaí	,, bhfaighfí	faightear	faightear

6. Feic* (*see*). Verbal noun:—feiceáil. Verbal adj.:—feicthe.

Present	Past	Past (dependent)	Imperfect	Future
feicim*	chonaic mé	ní fhaca mé	d'fheicinn	feicfidh mé
feiceann tú	,, tú	,, ,, tú	d'fheicteá	,, tú
,, sé	,, sé	,, ,, sé	d'fheiceadh sé	,, sé
feicimid	chonaiceamar	,, fhacamar	d'fheicimis	feicfimid
feiceann sibh	chonaic sibh	,, fhaca sibh	d'fheiceadh sibh	feicfidh sibh
,, siad	,, siad	,, ,, siad	d'fheicidís	,, siad
feictear	chonacthas	,, fhacthas	d'fheictí	feicfear

*The forms tchím (chím), (t)chí sé, etc. are common in literature and in the spoken language.

Conditional	Present Subjunctive	Imperative
d'fheicfinn	feice mé	feicim
d'fheicfeá	,, tú	feic
d'fheicfeadh sé	,, sé	feiceadh sé
d'fheicfimis	feicimid	feicimis
d'fheicfeadh sibh	feice sibh	feicigí
d'fheicfidís	,, siad	feicidís
d'fheicfí	feictear	feictear

Note.—The verb **feic** (*see*) should not be confused with **féach** (*look*):
Present:—féachaim; Past:—d'fhéach mé; Future:—féachfaidh mé.
Verbal Noun:—féachaint; Verbal Adjective:—féachta.

7. Ith (*eat*). Verbal noun:—ithe. Verbal adjective:—ite.
This verb is declined like **bris** except in the future and conditional.

Present:—ithim, itheann tú (sé); ithimid, itheann sibh (siad), itear.
Past:—d'ith mé (tú, sé); d'itheamar, d'ith sibh (siad), itheadh.
Imperfect:—d'ithinn, d'iteá, d'itheadh sé, etc.
Present Subjunctive:—ithe mé (tú, sé), ithimid, etc.
Imperative:—ithim, ith, itheadh sé; ithimis, ithigí, ithidís, itear.

Conditional	Conditional (dependent)	Future
d'íosfainn	ní íosfainn	íosfaidh mé
d'íosfá	ní íosfá	,, tú
d'íosfadh sé	ní íosfadh sé	,, sé
d'íosfaimis	ní íosfaimis	íosfaimid
d'íosfadh sibh	ní íosfadh sibh	íosfaidh sibh
d'íosfaidís	ní íosfaidís	,, siad
d'íosfaí	ní íosfaí	íosfar

8. **Tabhair** (*give*). Verbal noun:—**tabhairt**. Verbal adj.:—**tugtha**.

Present	Past	Imperfect	Future	Conditional
tugaim	thug mé	thugainn	tabharfaidh mé	thabharfainn
tugann tú	,, tú	thugtá	,, tú	thabharfá
tugann sé	,, sé	thugadh sé	,, sé	thabharfadh sé
tugaimid	thugamar	thugaimis	tabharfaimid	thabharfaimis
tugann sibh	thug sibh	thugadh sibh	tabharfaidh sibh	thabharfadh sibh
tugann siad	,, siad	thugaidís	,, siad	thabharfaidís
tugtar	tugadh	thugtaí	tabharfar	thabharfaí

Present Subjunctive:—**tuga** mé (tú, sé); **tugaimid, tuga** sibh (siad), **tugtar**.

Imperative:—**tugaim, tabhair,** tugadh sé; **tugaimis, tugaigí, tugaidís, tug**tar.

9. **Tar** (*come*). Verbal noun:—**teacht**. Verbal adjective:—**tagtha**.

Present	Past	Imperfect	Future	Conditional
tagaim	tháinig mé	thagainn	tiocfaidh mé	thiocfainn
tagann tú	tháinig tú	thagtá	tiocfaidh tú	thiocfá
tagann sé	tháinig sé	thagadh sé	tiocfaidh sé	thiocfadh sé
tagaimid	thángamar	thagaimis	tiocfaimid	thiocfaimis
tagann sibh	tháinig sibh	thagadh sibh	tiocfaidh sibh	thiocfadh sibh
tagann siad	tháinig siad	thagaidís	tiocfaidh siad	thiocfaidís
tagtar	thángthas	thagtaí	tiocfar	thiocfaí

Present Subjunctive:—**taga** mé (tú, sé); **tagaimid, taga** sibh (siad), **tagtar**.

Imperative:—**tagaim, tar,** tagadh sé; **tagaimis, tagaigí, tagaidís, tagtar**.

10. Téigh (*go*). Verbal noun:—**dul.** Verbal adjective:—**dulta.**

Present	Past	Past (dependent)	Imperfect	Future	Conditional
téim	**chuaigh** mé	ní **dheachaigh** mé	**théinn**	**rachaidh** mé	**rachainn**
téann tú	**chuaigh** tú	ní **dheachaigh** tú	**théiteá**	**rachaidh** tú	**rachfá**
téann sé	**chuaigh** sé	ní **dheachaigh** sé	**théadh** sé	**rachaidh** sé	**rachadh** sé
téimíd	**chuamar**	ní **dheachamar**	**théimis**	**rachaimid**	**rachaimis**
téann sibh	**chuaigh** sibh	ní **dheachaigh** sibh	**théadh** sibh	**rachaidh** sibh	**rachadh** sibh
téann siad	**chuaigh** siad	ní **dheachaigh** siad	**théidís**	**rachaidh** siad	**rachaidís**
téitear	**chuathas**	ní **dheachthas**	**théití**	**rachfar**	**rachfaí**

Present Subjunctive:—**té** mé (tú, sé); **téimid, té** sibh (siad), **téitear.**

Imperative:—**téim, téigh,** téadh sé; **téimis, téigí,** téidís, **téitear.**

11. Bí (*be*). **Táim, tá mé** (*I am*). Verbal noun:—**bheith.**

Present	Present (negative)	Present (relative)	Present (dependent)	Present habitual	Past	Past (dependent)
{ **táim** { **tá mé**	{ **nílim** { **níl mé**	{ **atáim** { **atá mé**	{ go **bhfuilim** { go **bhfuil** mé	**bím**	**bhí** mé	ní **raibh** mé
á tú	**níl** tú	**atá** tú	go **bhfuil** tú	**bíonn** tú	**bhí** tú	ní **raibh** tú
tá sé	**níl** sé	**atá** sé	go **bhfuil** sé	**bíonn** sé	**bhí** sé	ní **raibh** sé
táimid	**nílimid**	**atáimid**	go **bhfuilimid**	**bíonn** sibh	**bhí** sibh	ní **raibh** rabhamar
tá sibh	**níl** sibh	**atá** sibh	go **bhfuil** sibh	**bíonn** siad	**bhí** siad	ní **raibh** sibh
tá siad	**níl** siad	**atá** siad	go **bhfuil** siad	**bítear**	**bhíothas**	ní **raibh** siad
táthar	**níltear**	**atáthar**	go **bhfuiltear**			ní **rabhthas**

Imperfect	Future	Conditional	Present Subj.	Past Subjunctive
bhínn	**beidh** mé	**bheinn**	**raibh** mé	**beinn**
bhíteá	**beidh** tú	**bheifeá**	**raibh** tú	**beifeá**
bhíodh sé	**beidh** sé	**bheadh** sé	**raibh** sé	**beadh** sé
bhímis	**beimid**	**bheimis**	**rabhaimid**	**beimis**
bhíodh sibh	**beidh** sibh	**bheadh** sibh	**raibh** sibh	**beadh** sibh
bhídís	**beidh** siad	**bheidís**	**raibh** siad	**beidís**
bhítí	**beifear**	**bheifí**	**rabhthar**	**beifí**

Imperative:—**bím, bí, bíodh** sé; **bímis, bígí, bídís, bítear.**

Note.—**Bí** is the only verb that has a distinct form to express **habitual** state (action) in the present tense, e.g. **bím** ag obair gach lá.

24

DEFECTIVE VERBS

1. The verb IS (the Copula).

The copula is both irregular and defective. It has no imperative forms, no synthetic forms, no autonomous forms, no verbal noun, no verbal adjective.

Present Tense (and Future)

	STATEMENT		QUESTION	
	Affirmative	Negative	Affirmative	Negative
(a) in Principal sentences	**is**	**ní**	**an**	**nach**

(b) relative form
    (i) direct
    (ii) indirect
	is
	ar, arb
		nach
		nach
			—
			—
				—
				—

(c) in other Dependent sentences	**gur, gurb**	**nach**	**an**	**nach**

Other compound forms:

words compounded with **is**	**má**	**ó**	**mura**	**sula**	**cé**	**cá**	**do, de**	**faoi, i, le, ó, trí**
compound form	**más**	**ós**	**mura** **murab**	**sular** **sularb**	**cé** **cér**	**cá** **cárb**	**dar** **darb**	**faoinar,** etc. **faoinarb,** etc.

The forms ending in **b** (arb, gurb, darb, etc.) are used in the present before vowels. Nevertheless, **gur** is often used before nouns, prepositions, prepositional pronouns beginning with a vowel:—

> deir sé **gur** amadán é; deir sé **gur** ag Tomás atá an ceart; deir sé **gur** ormsa atá an locht.

is ea is sometimes written **sea.**

Examples:

> (a) **Principal clauses:**—**is** fear maith é; **an** tusa Séamas?—**is** mé.—**ní** mé; **ní** fear maith é; **an** fíor sin? **nach** ea?; **más** maith leat; **ós** tú atá ciontach (*since it is you who is guilty*).

(*b*) (i) **Relative direct:**—an gasúr **is** fearr; rud **nach** fíor; an áit **is** deise ar domhan; **cé** hé?; **cá** haois tú?

    (ii) **Relative indirect:**—an duine **ar** leis é (*the person who owns it*); aon duine **arb** eol dó an freagra (*anyone who knows the answer*); cailín **nach** cuimhin léi mé (*a girl who doesn't remember me*); **cé** leis iad? (*whose are they?*); **cér** díobh tú? (*who are you?*); **cárb** as duit? (*where do you live?*); leabhar **dar** teideal "Peig" (*a book entitled "Peig"*); fear **darb** ainm Pádraig (*a man called Patrick*); an áit **inar** mian liom cónaí (*the place in which I long to live*); an áit **inarb** aoibhinn liom cónaí (*the place I love to live in*).

(*c*) **dependent clauses:**—deir sé **gur** maith an fear é; deir sé **gurb** ea; deir sé **gurb** é is cúis leis; deir sé **gurb** álainn an lá é; deir sé **gurb** amhlaidh atá an scéal; sílim **nach** fiú scilling é; níl a fhios agam **an** ea nó **nach** ea; **mura** mian leat; **murab** é sin é (*if that's not it*).

Past Tense and Conditional

	STATEMENT		QUESTION	
	Affirmative	Negative	Affirmative	Negative
(*a*) in Principal sentences and after **dá, má, ó** (in affirmative clauses)	ba, b'	níor, níorbh	ar, arbh	nár, nárbh
(*b*) Relative form (i) direct (ii) indirect	ba, ab ar, arbh	nár, nárbh nár, nárbh	— —	— —
(*c*) in other Dependent Sentences	gur, gurbh	nár, nárbh	ar, arbh	nár, nárbh

Other compound forms:—murar, murarbh; sular, sularbh; cér, cérbh; cár cárbh; dar, darbh; inar, inarbh, etc.

b' and forms ending in **bh** (arbh, níorbh, cérbh, etc.) are used in the past and conditional before words beginning with a vowel or **fh**+vowel.

ba and the forms ending in **r** are used before consonants.

ba is also used before **ea, é, í, iad, eisean,** etc.

cérbh is used only before é, í, iad, eisean, etc. e.g.:—cérbh é?—but—**cé** ab fhearr? (*who was best?*); cé ba chaptaen oraibh? (*who was your captain?*)

Examples:

(a) **Principal clauses, etc.:**—ba bhreá an lá é; b'álainn an lá é; níor mhaith liom dul; níorbh í Máire í; ar mhaith leat bheith saibhir?; arbh fhearr leat fanacht? (*would you prefer to stay?*); nárbh fhearr leat fanacht? (*would you not prefer to stay?*); nár chóir duit imeacht? nár thuig tú mé?

(b) (i) **Relative direct:**—an teach ba mhó; an bhean ab óige; an gasúr ab fhearr; rud nár thuig sé; rud nárbh eol dom; cérbh é? cárbh aois é? (*how old was he?*)

   (ii) **Relative indirect:**—an duine ar leis an teach (*the one who owned the house*); na páistí arbh fhearr leo fanacht (*the children who preferred to remain*); cér díobh Muire? (*to what family did Mary belong?*); cér leis Éire an uair sin? (*to whom did Ireland belong at that time?*); cárbh as na Lochlannaigh? (*where did the Danes come from?*); duine darbh ainm Pádraig Mac Piarais.

(c) **dependent clauses:**—dúirt sé gur mhór an náire é (*he said it was a great shame*); dúirt sé gurbh amadán mé (*he said I was a fool*); shíl sé nár pheaca é (*he thought it wasn't a sin*); shíl sí nárbh fhéidir a dhéanamh (*she thought it could not be done*); d'fhiafraigh Pól de ar ghá sin (*Paul asked him if that was necessary*); ní raibh a fhios aige arbh fhíor é nó nárbh fhíor (*he didn't know whether it was true or not*).

Present Subjunctive

Affirmative:	Negative:
gura (before consonants)	nára (before consonants)
gurab (before vowels)	nárab (before vowels)

Examples:

Gura slán an scéalaí (*God save the bearer of the news*).
gurab amhlaidh duit (*the same to you*).
nárab é! (*may it not be so!*)

2. **Other defective verbs:**

(a) **ar (arsa),** *says, said*—used only when the exact words of the speaker are given. **ar** is used only before **seisean, sise, siadsan:**—

arsa mise; arsa Seán; arsa mo dhuine; ar seisean.

(*b*) **dar,** *it seems, it seemed*—used with **le.** It can be used with direct speech and reported speech:—

dar liom (*methinks, it seems to me*);

direct:—chonaic sé taibhse dar leis (*he thought he saw a ghost*);

reported:—dar leis go bhfaca sé taibhse (*he thought he saw a ghost*).

(*c*) **dóbair,** *it nearly happened*:—

dóbair dom bás a fháil (*I almost died*);

dóbair go bhfaighinn bás (*I almost died*);

dóbair dom titim=dóbair gur thit mé (*I almost fell*).

(*d*) **tharla,** *it happened, it came to pass*:—

tharla lá go . . . (*it happened one day that . . .*).

(*e*) **aicim** (*I beseech*), **aicimid** (*we beseech*):—

aicimid ort, a Thiarna ! (*we beseech thee, O Lord !*)

25

NOTES ON VERBS AND TENSES

1. The verb **bí.**

Note the use of the verb **bí** to express the following:—

(*a*) **existence:**—

Tá trí phearsa i nDia (*there are three persons in God*).
Bhí rí ann fadó . . . (*once upon a time there lived a king* . . .).

(*b*) **position:**—

Tá Seán ar scoil (*John is at school*). Bhí siad ar an aonach (*they were at the fair*)

(c) **state, condition:**—

Tá sé fuar inniu (*it is cold to-day*).
Bhí an lá go hálainn (*the day was beautiful*).
Níl iontu ach amadáin (*they are nothing but fools*).
Tá Seán ina **chodladh;** tá sí ina **codladh;** tá siad ina **gcodladh.**

cónaí, dúiseacht, luí, suí, seasamh, tost are often used in this construction:—

Tá mé i mo sheasamh; tá tú i do shuí; tá sí ina suí, etc.
Note the distinction between (i) **tá sé ina fhear,** and
(ii) **is fear é.**

(i) **tá sé ina fhear** tells us that he possesses those qualities which we associate with manhood. This construction is common when we wish to express what is **temporary** or what was not always the case:—

Tá sé ina fhear láidir anois (*he is a strong man now*).
Tá Máire ina múinteoir anois (*Mary is a teacher now*).
Ní raibh mé ach i mo ghasúr an uair si (*I was only a boy then*).

(ii) **is fear é** tells us the **class** to which he belongs— he is a **man** (*not a ghost or an elephant*).

Nevertheless there are contexts in which both constructions (is fear é; tá sé ina fhear) are interchangeable, and both can be used to express (i) what is **permanent,** (ii) what is **temporary.**

(i) permanent state with **is**:—
Oileán is ea Éire.

(ii) temporary state with **is**:—
Is duine óg fós é.

(i) permanent state with **bí**:—
Bhí sé ina amadán riamh.
Tá an tAthair ina Dhia (*the Father is God*).

(ii) temporary state with **bí**:—
Tá sé ina ghasúr anois.
Beidh sé ina fhear i gceann bliana.
Beidh sé ina fhear breá lá éigin.

(*d*) as an **auxiliary verb** in compound tenses:—
tá Seán ag obair; tá Liam ar tí éirí;
tá an siopa le díol; tá an doras ar oscailt;
tá an teach á dhathú; tá an obair déanta.

(*e*) introductory **Tá**:—

(i) Cé atá ann?—**Tá,** Séamas.
Cad é a dúirt sé?—**Tá,** go bhfuil ocras an domhain air.

(ii) **mar atá** (mar a bhí) is used to mean "**namely**":—
Tá seacht sacraimint ann, **mar atá,** Baiste, Cóineartú, . . . (*there are seven sacraments, namely, Baptism, Confirmation, . . .*).

(iii) **tá** in adverbial clauses:—
Fuair sé bás **tá** bliain ó shin ann (*he died a year ago*).

(*f*) **Impersonal** use of **tá**:—
tá leat (*you have succeeded*); beidh leat (*you will manage it*); tá buaite ort (*you are beaten, you have lost*); tá teipthe orm (*I have failed*), etc.

2. When the verb **caith** is used to mean "must" the future tense is used to express present and future time except after **má**:—

Caithfidh [sé] go bhfuil sé tinn (*he must be sick*).
Caithfidh mé imeacht anois (*I must go now*).
Caithfidh mé imeacht amárach (*I must go to-morrow*).

But—má **chaithim** dul anois (*if I must go now*).

3. The future tense is used to express future time after **nuair**:—

nuair a **thiocfaidh** tú amárach (*when you come to-morrow*).
nuair a **thiocfaidh** an bus (*when the bus comes*).
nuair a **rachaidh** tú isteach (*when you go in*).

4. The Subjunctive Mood.

There are **five** principal uses of the subjunctive mood:—

(*a*) the present subjunctive to express a **wish**:—

The verb is preceded by **go** (*eclipsing*) in affirmative sentences, and **nár** (*aspirating*) in negative sentences.

go raibh, ná raibh are the forms of the verb **bí.**
gura (gurab), **nára** (nárab) are the forms of the verb **is**

Go dtaga do ríocht (*thy kingdom come*).
Nár fhille sé go brách (*may he never return*).
Go raibh maith agat (*thank you !*)
Ná raibh maith agat (*no thanks to you !*)
Gura slán an scéalaí (*safe be the bearer of the news*).

Except when we want to express a wish, the **future tense** may be used instead of the present subjunctive and the **conditional** instead of the past subjunctive.

(*b*) to express **purpose** after **go, nó go, sula**:—

Rachaidh mé ann go bhfeice (bhfeicfidh) mé é.
Chuaigh sé ann go bhfeiceadh (bhfeicfeadh) sé í.
Dhruid sé an doras sula bhfeictí (bhfeicfí) é.
Fan go dtaga (go dtiocfaidh) an bus.

(*c*) to express **indefinite time** after **go, nó go, sula**:—

Ní fada go dtaga (dtiocfaidh) sí.
Ná tar isteach nó go dté (rachaidh) an ghrian a luí.
Bígí ar ais sula mbuailtear (mbuailfear) an clog.

(*d*) to express **uncertainty** after **mura**:—

> Cad é a dhéanfaimid mura dtaga (dtiocfaidh) an bus?
> Mura gcreide (gcreidfidh) sibh mé.

(*e*) after **dá** (*if*):—

> Dá dtéinn (rachainn) ann gheobhainn an t-airgead.

Impersonal Constructions.

(*a*) The Autonomous Form.

This form of the verb is used—

> (*a*) when the agent is unknown,
>
> (*b*) when it is not necessary or desirable to name the agent.

There is no corresponding verb-form in English which makes use of the passive voice instead. Only transitive verbs, however, can be used in English in the passive voice.

All verbs in Irish, except the copula, have an autonomous form in all moods and tenses:—

> **táthar** á chur amárach (*he is being buried to-morrow*);
> **briseadh** an fhuinneog (*the window was broken*);
> **cuirtear** an síol san earrach (*the seed is set in spring*);
> **baintear** an féar sa samhradh (*hay is cut in summer*);
> **rugadh** orthu aréir (*they were caught last night*);
> **glaofar** ort ar ball (*you will be called presently*).

(*b*) In the following examples the verbs, though not in the autonomous form, have the same meaning as if they were:—

> **bhris** ar an bhfoighne aige (*his patience gave away*);
> **chaill** ar a mhisneach (*his courage failed*);
> **d'éirigh** eatarthu (*they had a dispute*);
> **scoiltfidh** ort ! (*you will burst !*);
> **rinne** fíon den uisce (*the water was changed into wine*);
> **rinne** licíní slinne den airgead (*the money turned into slates*);
> **chuaigh** den fhíon (*the wine became exhausted*);
> **tá** buaite ort (*you are beaten*).

6. Má and **Dá,** *If.*

(*a*) As a general rule, when the verb in the principal clause is in the imperative mood, or in the present, imperfect or past, or future tense, **má,** followed by the indicative mood, is used in the conditional clause.

When the verb in the principal clause is in the conditional mood, **dá** with the past subjunctive or the conditional is used:—

Principal Clause	*Subordinate Clause*
Imperative:—Seas an fód,	más fear tú.
Tabhair dom an leabhar,	más é do thoil é.
Present:—Tá croí geal agam,	má tá mé buí féin.
Tá sé i gcontúirt a bháite,	má bhí aon fhear riamh ann.
Imperfect:—	
Chaitheadh sé clocha léi,	más fíor do Mháire.
Past:—	
Bhí sí caoga bliain d'aois,	má bhí sí bliain.
Future:—	
Racaidh Seán ag snámh	má thriomaíonn sé.
Conditional:—	
Gheobhadh sé an leabhar	dá dtéadh (rachadh) sé ann.

(*b*) A negative "if" clause is introduced by **mura:**—

Mura bhfuil scilling agat go bhfóire Dia ort.

Mura leat an gluaisteán ná bain leis.

Mura dté (rachaidh) tú abhaile ní bhfaighidh tú dinnéar ar bith.

Mura dtaga (dtiocfaidh) sé anois b'fhéidir nach dtiocfadh sé choíche.

(*c*) A condition is often introduced by **ach, murach:**—

Bheinn buíoch díot ach é sin a dhéanamh dom.

Ach go bhfaca mo dhá shúil féin é ní chreidfinn é.

Chaillfí an cluiche murach Seán (murach an lá a bheith fliuch).

Murach gur stad an bus bhí mé marbh (=mharófaí mé).

26

FUNCTIONS OF THE COPULA (THE VERB IS)

1. The Copula is used—

(a) in **classification** sentences:—

Is fear é.

(b) in **identification** sentences:—

Is é Seán an dochtúir.

(c) with the preposition **le** to express **ownership**:—

Is le Máire an leabhar.

(d) to mark **emphasis**:—

Is anseo atá sé.

Classification

2. When we tell or ask **what** a person or thing is or was we use a Classification sentence:—

Is fear Liam (*Liam is a man*);
Is cailín óg Máire (*Mary is a young girl*);
Ba rí Cormac (*Cormac was a king*);
An leabhar é sin? (*Is that a book?*)

In a Classification sentence we have—

(a) the **Subject**:—Liam, Máire, Cormac, é sin, are the subjects in the sentences above.

(b) the **Predicate**, i.e., the information given about the subject or the information looked for. Note that the predicate is always indefinite. (*a man, a king, a book*).

(c) the **Copula**, i.e., a grammatical link between the subject and the predicate.

The normal order of words is—

Copula	+	Predicate	+	Subject
is		fear		Liam
an		leabhar		é sin?
ba		rí		Cormac

The **predicate** in a classification sentence cannot be a definite noun or personal pronoun.

3. The predicate is sometimes split for the sake of balance:—

Copula	+	Predicate	+	Subject	+	Predicate (continued)
is		fear		é		a bhfuil meas agam air.
is		leabhar		é		nach furasta a léamh.

4. Note two important ways in which the predicate in a classification sentence is rendered more emphatic:—

Simple Form	Emphatic Forms
is leaba í	(a) leaba is ea í
	(b) leaba atá inti.

5. The interrogative pronouns **cad, cad é, céard** are used in classification questions:—cad seo? cad é seo? cad sin? cad é sin? céard siúd? céard é siúd? cad é an rud é sin? etc.

Cad é sin?—Sin lasán.
Céard é siúd?—Sin tóirneach (*that's thunder*).
Cad é an rud é seo?—Sin tinteog (*that's a stove*).
Cad é an rud é tinteog? (*what is a stove?*)
(tinteog=sornóg).

6. In simple answers to classification questions beginning with **an, nach, ar, arbh, nár, nárbh,** the subject is not usually repeated:—
An capall é sin?—Is ea (sea).—Ní hea.—Nach ea?

A more complete answer (negative) to " An capall é sin? " would be—Ní hea ach bó.

—Ní hea—bó is ea í.
—Ní hea—bó atá inti.
—Ní hea go deimhin.

7. The predicate in a classification sentence can be an adjective:—

Is **dorcha** an oíche.   Is **binn** béal ina thost.

Nach **deas** é?   Is **leor** sin.   Ní **fíor** sin.

Identification

8. In Identification sentences we tell or ask **who** (or **which**) a person (or thing) is or was:—

Is mise Seán.   **Mise** and **Seán** are stated to be identical.

An tusa Séamas?   We want to know if **tusa** and **Séamas** are identical.

In identification sentences the subject cannot be indefinite and the predicate is always a definite noun or pronoun, or a phrase definite in meaning, which serves to identify the subject as some particular place or thing.

9. The following sentences will serve as illustrations. In each sentence the predicate is in heavy type:—

Cé hé an captaen?—Is é an **máistir** an captaen.

Cé hé an bainisteoir?—Is é an **Búrcach** an bainisteoir.

Cé hé an Búrcach?—Is é an Búrcach an **bainisteoir.**

An **tusa** Séamas? (*are* you *James?* i.e., the one I am looking for).

An tú **Séamas?** (*Is your name* James?—*or* Peter?—*or* Tom?)

10. The interrogative pronoun **cé** is very frequent in questions which are answered by identification sentences:—cé tusa? cé hé an fear sin? cé hé mise? cé hiad sibhse? cé tú féin? cé hiadsan? cé hí? cé sin? etc.

Cé hé tusa?—Is mé Seán Ó Sé.—Seán Ó Sé.

Cé hí an bhean sin?—Is í Máire Ní Néill í.—Máire Ní Néill.

11. Questions beginning with **an, nach,** etc.:—

An é sin an teach?—Is é.—Ní hé—sin é é.

An é sin **an teach?**—Is é.—Ní hé ach an garáiste.

            —Ní hé—is é an garáiste é.

An é **an teach bán** an leabharlann?—Ní hé ach an teach dearg.

An í **an leabharlann** an teach bán?—Ní hí ach an cheardscoil.

Ownership

12. The normal construction is—

Copula	+	**Predicate**	+	**Subject**
is		le Seán		an rothar.

The preposition **le** is repeated in answers:—

An leatsa an leabhar?—Is liom.—Ní liom.
Cé leis an peann?—Is liomsa é.—Is le m'athair é.

Emphasis

13. The Copula is used to mark emphasis.
Consider the sentence:—

Chuaigh Seán go Doire inné.

It may be recast and the emphasis placed on the words Seán, Doire, inné:—

Is é **Seán** a chuaigh go Doire inné (*it was* **John** *who* . . .).
An go **Doire** a chuaigh Seán inné? (*was it to* **Derry** *that* . . . ?)
Is go **Doire** a chuaigh Seán inné (*it was to* **Derry** *that* . . .).
Nach **inné** a chuaigh Seán go Doire? (*was it not* **yesterday** . . .).

Other examples:—

Simple Form	**Emphatic Forms**
Ní dheachaigh Pól ar scoil:	Ní hé **Pól** a chuaigh ar scoil; Ní **ar scoil** a chuaigh Pól.
Tá an ceart agat:	Is **agat** atá an ceart.
Ní fhaca sé go maith iad:	Ní **go** maith a chonaic sé iad.
Is eol dom é:	Is **dom** is eol é.
An leatsa an rothar úr? :	An é **an rothar úr** is leatsa?
Tá mise tinn:	Is **mise** atá tinn.
Tá sé ag an doras:	Is **ag an doras** atá sé.

27

THE VERBAL NOUN

A.—Formation of Verbal Nouns.

1. Verbs of the first conjugation generally form their verbal nouns by adding **-adh, -eadh**:—

bog, **bogadh**; bris, **briseadh**; croch, **crochadh**; glan, **glanadh**; las, **lasadh**, etc.

2. Verbs of the second conjugation in **-igh, -aigh**, have verbal nouns in **-iú, -ú**:—

ardaigh, **ardú**; bailigh, **bailiú**; gortaigh, **gortú**, etc.

Some syncopated verbs in **-il, -in, -ir** usually form verbal nouns by adding **-t**:—

cosain, **cosaint**; coigil, **coigilt**; labhair, **labhairt**; oscail, **oscailt**; imir, **imirt**, etc.

3. But there are many exceptions to the above rules.
The following ways of forming verbal nouns should be noted:—

(*a*) dropping **i** from the stem:—

cogair, **cogar**; coisc, **cosc**; cuir, **cur**; siúil, **siúl**, etc.
Note also,—**ceangal, freastal, taisteal.**

(*b*) same form as the stem:—

amharc, coimeád, crith, fás, goid, íoc, léim, ól, rith, scríobh, snámh, stad, teagasc, troid, etc.

(*c*) adding **-t** to the stem:—

adhaint, baint, ceilt, deighilt, meilt, roinnt.

(*d*) adding **-e** to the stem:—

faire, gáire, rince, ithe.

(*e*) verbal nouns ending in **-áil**:—

fágáil, tógáil, gabháil.

(*f*) verbal nouns ending in **-amh**:—

caitheamh, comhaireamh, fónamh, léamh, seasamh, déanamh, tuilleamh; machnamh, smaoineamh, taibhreamh, etc.

(g) verbal nouns ending in **-úint**:—

leanúint, oiliúint, etc.

(h) verbal nouns ending in **-ach**:—

ceannach, clúdach, cnuasach, cuardach, cumhdach, etc

(i) verbal nouns ending in **-cht**:—

dúiseacht, teacht, imeacht, marcaíocht, etc.

(j) verbal nouns ending in a long vowel:—

**bá, brú, crá, crú, dó, lua, sá, sú, trá;
guí, fí, luí, ní, suí, sní;
cónaí, corraí, éirí, fiafraí, impí, ionsaí.**

4. The **Genitive Case** of the verbal noun is similar in form, as a. rule, to the verbal adjective.

-ta, -tha:—casta, crochta, curtha, déanta, dúnta, fágtha leagtha, molta, múchta, etc.

-te, -the:—briste, caite, ceannaithe, cónaithe, fite, nite, suite, báite, crúite, súite, etc.

Examples:—

(i) verbal noun+object (noun or possessive adjective):—

cailín deas **crúite** na mbó; lucht **múchta** tinte; fear **ceannaithe** bó; níor fágadh fear **inste** scéil; lá **íoctha** na rátaí; ní raibh fear a **chaointe** nó á **shínte** aige; ar tí a **dhéanta**; lucht a **dhéanta**; lá **buailte** an arbhair, lucht **ólta** poitín.

(ii) verbal noun without an object:—

focal **molta**; rún **cáinte**; bealach **éalaithe**; páipéar **súite**; cuntas **scríofa**; teach **cónaithe**.

5. In some cases the Genitive Case is formed according to one or other of the five declensions. This is generally the case when the verbal noun does not have an object but has the function of a noun or adjective:—

lucht **óil**; fear **siúil**; ciall **cheannaigh**; cúis **mhagaidh**; cúis **ghearáin**; fonn **troda**; fonn **reatha**; lá **breithe**; cuma **báistí**; galar **creatha**; culaith **shnámha**; lucht **taistil,** etc.

B.—Uses of the Verbal Noun.

6. In Irish there is neither an infinitive mood nor a present participle, both functions being discharged by the verbal noun.

(*a*) Verbal noun to translate the English infinitive:—

Dúirt sé liom **imeacht** (*he told me* **to go**).
B'fhearr liom **fanacht** (*I would prefer* **to stay**).

(*b*) ag+verbal noun to translate a present participle:—

Tá Seán **ag obair** (*John is* **working**).
Tá Máire **ag caint** (*Mary is* **talking**).

The verbal noun (transitive) governs the noun which it qualifies in the Genitive Case, e.g.:—

Tá sé ag baint an **fhéir** (*he is cutting the grass*).
Tá sé ag ní na **gcupán** (*he is washing the cups*).

(But see Chapter **6**, paragraph **9** (*b*), (*d*), (*e*), (*f*), (*h*)).

7. gan + verbal noun is used in negative constructions:—

Moladh dó **gan imeacht** (*He was advised* **not to go**).
Dúirt mé leis **gan filleadh** arís (*I told him* **not to return** *again*).

8. The verbal noun is used as the indirect form of the Imperative:—

Direct	**Indirect**
Buail an liathróid.	Dúirt mé leat an liathróid **a bhualadh.**
Labhair amach os ard.	Dúirt sé leis **labhairt** amach os ard.
Ná déan sin.	Dúirt sé leis gan sin **a dhéanamh.**

9. Object+a (preposition)+**verbal noun:**—

Theip orm **an bád a dhíol** (*I failed to sell the boat*).
Déan **an t-airgead a chomhaireamh** (*count the money*).
Is fearr **gan an bád a dhíol** (*it is better not to sell the boat*).
Tá sé **tar éis an bád a dhíol** (*he has sold the boat*).
Tá sé **i ndiaidh éirí** (*he has risen*) (no object).
Ba mhaith liom **sin a dhéanamh** (*I would like to do that*).

10. Verbal noun + object.

(a) with **ag**:—

Tá sí **ag crú na mbó** (*she is milking the cows*).
Tá sé **ag léamh an leabhair** (*he is reading the book*).

(b) with **do + possessive adjective** (object):—

Tá sé **do mo bhualadh** (*he is beating me*).
Tá sé **do do bhualadh** (*he is beating you*).
Tá an doras **á oscailt** (*the door is being opened*).
Tá an fhuinneog **á hoscailt** (*the window is being opened*).
Tá sé **dár mbualadh** (*he is beating us*).
Táimid **dár n-ísliú féin** (*we are degrading ourselves*).
Tá sé **do bhur mbualadh** (*he is beating you*).
Tá sé **á mbualadh** (*he is beating them*).

(c) with **a** (preposition):—

or { Pingin ní raibh mé **a shaothrú** (*I wasn't earning a penny*).
{ Pingin ní raibh **á saothrú agam.**

Nach maith an obair atá Cáit **a dhéanamh?**
or   Nach maith an obair atá **á déanamh ag Cáit?**

11. Verbal noun in periphrastic (=*roundabout*) **forms.**

(a) with **bí** (auxiliary verb) and **ar tí; chun; ag brath**, etc.:—

Tá sé ar tí bád a dhéanamh.
Tá Seán chun bád a dhéanamh.
Tá siad ag brath teach úr a cheannach.
Bhí mé ar thob a dhéanta
Tá Liam le teacht i gceann dhá lá.

(b) with **bí + ag dul a** or **ag dul ag**:—

Bhí sé ag dul a dhíol an tí.
Tá sé ag dul a chur [báistí].
Tá Seán ag dul a shnámh.
Bhíothas ag dul ag fiach.
Tá mé ag dul a imirt cártaí.

12. to express **purpose:**

(a) with **chun, le:**—

Tháinig sé **chun** an cluiche a fheiceáil.
Stadaimis **le** deoch a fháil.
An bhfuil tú anseo **le** fanacht?

(b) with **a, ag:**—

Chuamar **a luí** (we went to bed).
Téigh **a chodladh** (go to sleep).
Chuaigh sé **ag** baint féir (he went to cut grass).

13. to express **state:**

(i) Tá sé **ar crochadh;** tá an clog **ar stad;** tá an doras
ar oscailt.

(ii) Tá sé ina luí; tá mé i mo shuí; tá siad ina gcodladh;
tá Máire ina tost; tá siad ina dtost; tá sé ina
dhúiseacht.

14. the ambiguous case.

The sentence—**Tá Tomás á mholadh**—can have two meanings,
(i) Tom is praising him, (ii) Tom is being praised.

If the first meaning is intended, ambiguity can be avoided by
using a Construction such as: Tá sé á mholadh ag Tomás.

If the second meaning is intended, ambiguity can be avoided by
using an Autonomous construction:—

Táthar ag moladh Thomáis.

15. Constructions with **le** may be used to express **purpose,
obligation, fate, possibility,** etc:—

Purpose:—Tá sé **le marú** (he is to be killed).

Obligation:—Tá obair **le déanamh** agam (I have work to do).

Fate:—Is dócha nach raibh Seán **le bá** an lá sin (I suppose
John was not (destined) to drown that day).

Possibility:—Ní raibh **le feiceáil** ach sneachta (nothing could
be seen but snow).

28

VERBAL PARTICLES

A.—Before Regular Verbs.

1. a (ar):—

(i) Relative conjunction (indirect):—
fear **a** gcabhróinn leis;
bean **ar** maraíodh a mac.

(ii) Relative pronoun:—
an crann ar **a** bhfásann na húlla;
gach **a** bhfásann ann.

an (ar):—interrogative adverb:—
ar éirigh sé? **an** dtuigeann tú?

cá (cár):—interrogative adverb (place):—
Cá n-imíonn sé gach lá? **Cár** imigh tú inné?

go (gur):

(i) conjunction (positive):—
deir sé **go** dtógfaidh sé; dúirt sé **gur** thóg sé.

(ii) adverb (in a wish):—
go dté tú slán.

(iii) conjunction (purpose):—
Fág ann é **go** mbrisfidh mé é.

(iv) conjunction (time):—
Fan **go** n-éirí an ghrian.

ní (n or): adverb (negative):—
ní chaitheann sé; **níor** chaith sé.

mura (murar): conjunction (conditional negative):—
mura bhfana sé (bhfanfaidh sé) go bhfóire Dia
air.
murar shiúil sé caithfidh gur rith sé.

sula (sular):

   (i) conjunction (purpose):—

      Rith leat **sula** bhfeicfear tú.

   (ii) conjunction (time):—

      D'éag sé **sular** tháinig an sagart.

2. The relative pronoun **a (ar)** is compounded with prepositions which end in a vowel (faoi, i, le, ó, trí, do, de):—

   de+a (ar) becomes **dá (dár)**; do + a (ar) becomes **dá (dár)**; faoi, i, le, ó, trí + a (ar) become **faoina (faoinar); ina (inar); lena (lenar)**, etc.

3. The particles in paragraphs **1, 2,** require the **dependent** form of the verb (which is the same as the ordinary form (absolute form) in regard to regular verbs).

4. Unless the verb is in the Past Indicative the particles outside the brackets (a, an, cá, etc.) are the correct ones to use.

All those particles outside the brackets **eclipse** except **ní** which **aspirates** (even autonomous forms):—

   ní bhristear; ní bhrisfear; ní bhrisfí; ní bhriseann; an bhfásann? cá bhfásann? etc.

5. When the verb is Past Indicative the particles inside the brackets (r-forms) are used and cause **aspiration** (except in the Past Autonomous):—

   an fear ar dhíol mé an teach leis; an scian lenar ghearr sé an rópa; ar caill tú é? cár chaill tú é? etc.

But—Cár cailleadh é? ar cailleadh é? etc.

6. dá: conjunction (conditional)—eclipses:—

   dá bhfágfainn í.

7. d': positive prefix, placed before absolute and relative forms of the verb (except the Past Indicative autonomous) in the past, imperfect, conditional and past subjunctive—if the verb begins with a vowel or fh + vowel:—

   d'ól sé; d'itheamar; d'fhág siad; d'ólfaí; d'óltaí, etc.

But—óladh, itheadh, fágadh, etc.

8. a: direct relative conjunction. This particle **aspirates** the verb (except Past Indicative autonomous forms or forms beginning with d'):—

   an fear a chuireann an síol; an síol a chuirtear.

But—an fear a d'ólfadh é; an síol a cuireadh.

9. má: (conditional conjunction) and **ó:** (conjunction—time, purpose) follow the same rules as **a** in paragraph **8.**

má phósann sé; má chuir; má d'fhág; má cuireadh; má éisteadh leis; ó d'fhág sé an áit; ó bhris sé a chos; ó buaileadh amach é.

10. ná: imperative adverb—prefixes **h** to vowels:—
ná bris é! Ná déan! Ná himigh uaim!

11. nár: negative adverb to express a wish:—**aspirates:**—
Nár fhille sé (*may he not return*).

B.—Before Irregular Verbs.

12. The rules stated in paragraphs **3-11** regarding regular verbs apply equally to irregular verbs, with the following exceptions:—

(*a*) **a, an, cá, go, nach, ní, mura, sula** are used (instead of the r-forms) before the **past indicative** of **abair, bí, faigh, feic, téigh,** and **déan:**—
an áit **a** raibh an teach; **an** bhfuair tú é? **cá** bhfuair tú é? **nach** bhfaca tú é? **mura** bhfaca, **sula** ndearna sé, étc.
But—níor rug sé orm; gur ith sé; ar tháinig sé? ar chuala tú? cár thug tú é? gur dhein, etc.

(*b*) the verb **abair** is not aspirated except in a negative wish:—
ní deir sé; ní deirtear; má deir sé; ní dúirt sé; má dúirt sé; ní déarfainn, etc.
But—nár dheire sé focal eile (*may he not speak another word*).

(*c*) táim, tá, táimid, táthar are not aspirated:—
má táim; ó táimíd anseo; má táthar.

(*d*) Past Autonomous forms (except deineadh, fuarthas, tugadh) are aspirated in the same way as personal forms:—
níor chualathas; ní dhearnadh, ní fhacthas; má fhacthas.

(*e*) **faigh** is eclipsed after **ní** in the indicative past and future and in the conditional:—
ní bhfuair sé; ní bhfuarthas; ní bhfaighidh mé; ní bhfaighfear; ní bhfaighinn, etc.

C.—For Verbal Particles with the Copula, see Ch. 24.

29

PREPOSITIONS

A.—Simple Prepositions.

1. Prepositions followed by the **Common** Form:—

(*a*) ach, amhail, gan, go dtí, idir, mar, murach, ná, seachas:—
gach rud **ach** an t-airgead; **gan** an t-airgead; **murach** an t-uncail; níos fearr **ná** an t-uncail; rudaí eile **seachas** spórt.

(*b*) prepositions which aspirate or eclipse the noun (whichever we choose) after the singular article:—
ag, ar, as, chuig, dar, faoi, go, ionsar, le, ó, os, roimh, thar, trí, um; the preposition **a** is used only with verbal nouns:—

ar an gcrann (chrann).
den, don, sa, san cause aspiration (no choice).

Note the difference in effect between the prepositions in (*a*) and those in (*b*):—
(*a*) gan an t-airgead; murach an t-asal (an fear);
(*b*) leis an airgead; ag an asal; don fhear.

2. Prepositions governing in the **Genitive** Case:—

chun, cois, dála, fearacht, timpeall, trasna.
chun an aonaigh (*to the fair*),
lá **cois** na farraige (*a day at the seaside*),
dála an scéil (*by the same token*),
fearacht daoine eile (*like other people*),
timpeall an domhain (*around the world*),
trasna na páirce (*across the field*).

3. in is written instead of **i** before a vowel (or vowel sound):—
in Éirinn; in x; in "An tUltach".
Also—in bhur; in "Mo Bhealach Féin," etc.

leis is used instead of **le** before the article:—
leis an sagart; leis na bhanta.

tríd is used instead of **trí** before the singular article:—
tríd an tír; tríd an pholl (bpoll).

4. Uses of the Preposition.

(*a*) **Material.**

de: lán d'uisce; tá sé déanta de phrás.

(*b*) **Purpose.**

ar: ní dhéanfainn ar ór an domhain é.
chun: chun glóire Dé; chun grá a thabhairt dó.
do: las dom é; do Mháire a tógadh an teach.
mar: chuaigh sí ann mar chailín aimsire.

(*c*) **Time.**

ar: ar ball, ar dtús, ar a trí a chlog.
faoi: faoi dheireadh (*at last*).
de: bhíodh sé ag póitseáil d'oíche (*by night*).
um: um Cháisc; um thráthnóna; um Nollaig.
go: fan go maidin; fan go tráthnóna.
le: d'éirigh sé le héirí na gréine (*with the sun*).
    ní fhaca mé le seachtain é (*for the past week*).

(*d*) **Origin.**

as: fear as Árainn; is as an Spáinn é.
ó: ó Liam a fuair mé iad; tá an Ghaeilge aige ó
    dhúchas.

(*e*) **Cause.**

de: fuair sé bás den ocras.
le: le neart feirge (*by dint of anger*);
    ar crith le heagla (*shaking with fear*).
ó: marbh ón ólachán (obair).

(*f*) **Sale.**

ar: ar scilling an ceann; thug mé punt dó ar an rásúr.
as: dhíol sé as an teach le hairgead a athar.
le: dhíol sé an bhó le Tadhg.

(*g*) **Place.**

(i) fixed position:—

ar: ar charraig; léigh mé é ar an nuachtán.
faoi: faoin staighre.
i: i mbád ; in Éirinn; i m'intinn.
idir: (between) idir Corcaigh agus Cill Airne.
os: os cionn an dorais; os comhair an tí.

(ii) motion from:—

as: tóg as seo é; tabhair leat do chuid leabhar as seo.

de: bain díot do chóta; léim sé den chapall.

ó: caith uait é; ó Dhoire go Béal Feirste.

(iii) motion towards:—

ar: chuaigh sé ar faoistin (ar scoil, ar seachrán).

chun: chuaigh sé chun faoistine (chun na scoile).

chuig: chuaigh sé chuig faoistin (chuig an teach).

go: go hAlbain; go glúine sa láib.

go dtí: go dtí a theach féin.

(*h*) **Manner.**

as: abair as Gaeilge é.

de: chuaigh sé de léim thar an gclaí (chlaí).

(*i*) **State.**

ar: ar buile; ar mire; ar stad; ar staid na ngrást.

faoi: faoi bhrón; faoi ghlas; faoi bhláth.

i: ina chónaí; ina luí; ina shuí; ina chodladh; cad é atá i gceist; cuir in eagar iad.

le: bhí na deora (an t-allas, an fhuil) liom.

as: as eagar; as ionad; as ord; as seilbh.

i (change of state): ag dul in olcas; ag dul i bhfeabhas.

(*j*) **Ownership.**

do: mac do Sheán.

le: is liom é; leabhar le Máire; mac leis.

5. Nouns with certain prepositions.

aithne ag ar	Tá aithne agam ar Liam; tá aithne ag Liam orm.
ceist ag ar	Tá ceist agam ort (*I have a question to ask you*); chuir sé ceist orm (*he asked me. . .*).
cion ag ar	Tá cion agam ar Nuala (*I am fond of Nuala*).
coinne ag le	Tá coinne agam leis (*I am expecting him; I have an appointment with him*).
cuimhne ag ar	Tá cuimhne agam ar an lá sin (*I remember that day*).
dóchas ag as	Tá dóchas agam asat go. . . (*I rely on you to. . .*).
dúil ag i	Tá dúil aige san ól (*he is fond of drink*).
éad ag (ar) le	Tá éad aige (air) liom (*he is jealous of me*).
eagla ar roimh	Tá eagla orm roimh mhadraí (*I am afraid of dogs*).
eolas ag ar	Tá eolas agam ar an áit sin (*I know that place*).
fáilte ag roimh	Bhí fáilte is fiche aige romham (*he had a great welcome for me*); chuir sé fáilte romhainn; fearaim fáilte romhaibh.
faitíos ar roimh	Tá faitíos air roimh an sagart (*he is shy of the priest*); tá faitíos orm go. . . (*I fear lest. . .*).
fonn ar chun	Tá fonn orm chun troda; tá fonn troda orm.

fuath ag ar (do)	Tá fuath agam don áit sin (*I hate that place*)=Is fuath liom an áit sin.
grá ag ar (do)	Tá grá agam ar Dhia (do Dhia) (*I love God*).
gráin ag ar (do)	Tá gráin agam ar lucha (*I hate mice*)=Is gráin liom lucha.
iontaoibh ag as	Tá iontaoibh agam as an Rialtas (*I have confiden:e in the Government*).
meas ag ar	Tá meas mór agam ar Sheán (*I have great respect for John*).
muinín ag as	Tá muinín aige as Dia (*he hopes (relies) on God*).
spéis ag i	Tá spéis agam sa leabhar sin (*I am interested in that book*).
súil ag le	Bhí súil aige le punt uaim (*he was expecting a pound from me*); beidh mé ag súil leat (*I'll be expecting you*).
suim ag i	Tá suim agam i gcluichí (*I take an interest in games*).
trua ag do	Tá trua agam dó (*I have pity for him*).

6. Nouns with **ar.**

amhras (*suspicion*): Tá amhras orm (*I suspect, I'm doubtful*).
áthas (*gladness*): Tá áthas orm gur éirigh go geal leat.
biseach (*improvement*): Tá biseach air (*he has improved*).

Similarly: **brón** (*sadness*); **cathú** (*regret*); **cumha** (*grief*); **codladh** (*sleep*); **deabhadh** (*hurry*); **deifir** (*hurry*); **díomá** (*disappointment*); **feabhas** (*improvement*); **imní** (*worry*); **ionadh** (*wonder, surprise*); **iontas** (=*ionadh*); **lúcháir** (*great joy*); **náire** (*shame*); **ocras** (*hunger*); **tart** (*thirst*); **tinneas** (*sickness*); **an déideadh** (*toothache*); **slaghdán** (*a cold*).

7. Adjectives with certain prepositions.

bródúil as (*proud of*)	**lán de** (*full of*)
buíoch de (*grateful to*)	**mórálach as** (*proud of*)
ceanúil ar (*fond of*)	**muiníneach as** (*confident in*)
ciontach i (*guilty of*)	**oiriúnach do** (*suited to, suitable for*)
cleachta le (*accustomed to*)	**réidh le** (*ready to*)
cothrom le (*equal to*)	**riachtanach do** (*necessary for*)
dílis do (*faithful to*)	**saor ó** (*free from*)
eolach ar (*versed in, skilled in*)	**sásta le** (*satisfied with*)
fóirsteanach do (*suited to*)	**tugtha do** (*given to*)
geallmhar ar (*fond of*)	**tuirseach de** (ó) (*tired of*).

8. Verbs with certain prepositions.

(*a*) **ar:** aicim (*I beseech*); bhuaigh sé orm; chrom sé ar ghol; chuimhnigh sé orm; féach orthu; fóir orm (*help me*); glaoigh orm ar maidin; iarr air teacht; d'impigh sé orm; scairt sí ar na páistí; theip glan orm (*I failed completely*); thosaigh sé ar an obair: ná trácht air (*don't mention it*).

(b) **de:** fiafraigh de; thit sé d'asal; túirling den bhus.
(c) **do:** bheannaigh mé dó; geallaim duit; ghéill sé dóibh;
inis dom; mhol mé dó; lig di imeacht.

(d) **le:** abair leis teacht; cuidigh liom; éist liom; fan liom;
thaitin sé liom.

B.—Compound Prepositions.

9. A compound preposition usually consists of a **simple preposition** + **noun** and governs in the **genitive** case.

ar aghaidh an dorais, *opposite the door*
ar chúl an tí, *behind the house.*
ar feadh míosa, *for a month.*
ar fud na háite, *throughout the place.*
ar lorg oibre, *searching for work.*
ar nós na gaoithe, *like the wind.*
ar son Dé, *for God's sake.*
d'ainneoin na taoide, *in spite of the tide.*
de bharr troda, *as a result of fighting.*
de chois an tí, *near the house.*
de chóir an tí, *near the house.*
de dheasca an óil, *as a result of drink.*
de dhíobháil airgid, *for want of money.*
de réir cirt, *by right.*
de réir an scéil, *according to the story.*
de thairbhe an eolais, *on account of the knowledge*
faoi bhráid an rí, *before the king.*
faoi bhun tríocha, *under thirty.*
faoi cheann bliana, *within a year.*
faoi choinne uisce, *to fetch water.*
faoi choinne bhean an tí, *for the woman of the house (purpose, benefit).*
faoi dhéin=faoi choinne.
go ceann míosa, *for a month (duration).*
i bhfeighil an tí, *in charge of the house.*
i bhflanaise Dé, *before God (as a witness).*
i bhfochair Sheáin, *in John's company.*
i dteannta a chéile, *together.*
tar éis an dinnéir, *after dinner*
i dtrátha a sé, *about six o'clock.*
i dtuilleamaí Mháire, *depending on Mary.*

i gcaitheamh an lae, *during the day.*
i gceann míosa, *in a month's time.*
i gcionn oibre; chuaigh sé i gcionn oibre, *he set to work.*
i gcóir an tae, *for tea.*
i gcosamar Thomáis, *in Tom's company.*
i gcuideachta na bpáistí, *in the company of the children.*
i lár na páirce, *in the middle of the field.*
i láthair an tsagairt, *before the priest (in presence of).*
i mbun an tí, *in charge of the house.*
i measc na bpáistí, *among the children.*
i ndiaidh na cainte sin, *after that talk.*
i rith an gheimhridh, *during the winter.*
in aghaidh na gaoithe, *against the wind.*
in aice an tí, *near the house.*
in airicis Mháire, *to meet Mary.*
in éadan an Rialtais, *against the government.*
in ionad (=in áit) scuaibe, *instead of a brush.*
le cois an airgid, *along with the money (as well as).*
le haghaidh an dinnéir, *for dinner (purpose).*
le hais an dorais, *beside the door.*
le linn an chogaidh, *during the war.*
os cionn an dorais, *above the door.*
os coinne an tí, *opposite the house.*
os comhair na cúirte, *before the court.*
thar ceann an dochtúra, *for the doctor (purpose); on behalf of. . .*

30

ADVERBS

1. An adverb may be used to qualify:—

    (*a*) A Verb:—d'imigh sé **inné.**

    (*b*) A Verbal Noun:—abair leis teacht **anseo.**

    (*c*) A Verbal Adjective:—tá sin déanta **go maith** agat.

    (*d*) An Adjective (other than verbal):—tá sé **measartha** fuar.

    (*e*) Another Adverb:—ní thagann sé minic **go leor.**

    (*f*) A Simple Preposition:—**beagnach** faoi uisce.

    (*g*) A Compound Preposition:—**go luath** tar éis bháis dó.

    (*h*) A Conjunction:—**go díreach** sular tháinig tú.

2. Adverbs which have the same form as adjectives:—

    (*a*) with **go**:—
        Tá sé ag obair **go crua**; bíonn sé anseo **go minic**; glac **go réidh** é (*take it easy* !).

    (*b*) without **go**:—
        (i) when qualified by another adverb:—
            Ní thagann sé **minic** go leor; rith sé measartha **gasta.**

        (ii) before the adverbs **cuíosach** (*fairly*), **sách** (*sufficiently*):—
            Chodail mé **cuíosach maith**; tá sé **sách te.**

        (iii) when qualifying an attributive adjective:—
            mála **measartha** trom; slua **measartha** mór.

3. The use of **níos, níb, níba** with comparative forms of the adverb is the same as for adjectives:—

    bíonn sé ag obair **níos crua**;
    tagann sé **níos minice** anois;
    labhair **níos airde**; labhair sé **níb áirde**;
    ní thiocfaidh sé **níos mó**; ní fheicfear **níos** mó tú.
    níor tháinig sé **níba** mhó.

níl rud ar bith eile **is mó** a chuireann eagla orm.

is anseo **is mó** a chaitheann sé a chuid ama.

Other degrees of comparison:—

bhris sé a chos **go han-dona** (*very badly*);

is beag nár éirigh leis (*he almost succeeded*);

chuaigh sé **rófhada** (*he went too far*).

4. Interrogative Adverbs.

time: **cathain** a tháinig sé?

place: **cá** bhfuil sé?

state: **conas (cad é mar)** atá a fhios agat?

degree: **cé chomh** minic a thagann sé? (*how often does he come?*)

is cuma **cad é chomh** holc is atá sé (*it doesn't matter how bad he is*).

cá mhinice a chonaic tú é? (*how often have you seen him?*)

5. Direction (an treo).

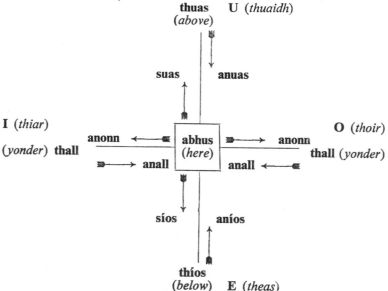

tá sé **abhus** (*he is here, on this side*); tá sé **thall** (*he is yonder*).

up	down	over
ag dul suas	ag dul síos	ag dul anonn (sall)
ag teacht aníos	ag teacht anuas	ag teacht anall

6. An taobh amuigh (*outside*); **an taobh istigh** (*the inside*); chuaigh sé **amach;** d'fhan sé **amuigh; lasmuigh** den doras; rith sé **isteach;** d'fhan sé **istigh; laistigh** den doras.

Instead of **lasmuigh** den doras, etc., we can use **taobh amuigh** den doras (*outside the door*), etc.

7. Points of the Compass (na hAirde).

(*a*) Nouns: **an tuaisceart** (*the north*); **an deisceart** (*the south*); **an t-oirthear** (*the east*); **an t-iarthar** (*the west*).

(*b*) Adverbs (position): **thuaidh, theas, thoir, thiar;**

thiar thuaidh (*north west*), **thiar theas** (*south west*), **thoir thuaidh** (*north east*), **thoir theas** (*south east*).

(*c*) Adverbs (motion—away from the speaker):—

ag dul **ó thuaidh** (*going northwards*); ag dul **ó dheas** (*going southwards*); ag dul **soir** (*going eastwards*); ag dul **siar** (*going westwards*); ag dul **soir ó thuaidh** (*going N.E.*); ag dul **soir ó dheas** (*going S.E.*); ag dul **siar ó thuaidh** (*going N.W.*); ag dul **siar ó dheas** (*going S.W.*).

(*d*) Adverbs (motion—towards the speaker):—

ag teacht **aduaidh** (*coming from the north, i.e. south-wards*);

ag teacht **aneas** (*coming from the south, i.e. northwards*);

ag teacht **anoir** (*coming from the east, i.e. westwards*);

ag teacht **aniar** (*coming from the west, i.e. eastwards*).

ag teacht **aniar aduaidh** (*from north-west=S.E.*);

ag teacht **anoir aduaidh** (*from north-east=S.W.*);

ag teacht **aniar aneas** (*from south-west=N.E.*);

ag teacht **anoir aneas** (*from south-east=N.W.*).

Note.—in (*d*) above the English speak of the direction in which a person is coming. In Irish we speak of the direction from which a person is coming.

(*e*) **Winds** are named according to the direction **from which** they come:—

an ghaoth aduaidh; an ghaoth aneas; an ghaoth anoir, etc.

8. Adverbs of time:

Níor tháinig sé **riamh** (*he* **never** *came*).

Ní ólann sé **in aon chor (ar chor ar bith)** (*he doesn't drink* **at all**).

Ní thiocfaidh sé **choíche (go brách, go deo)** (*he will* **never** *come*).

Bhí sé glic **riamh** agus beidh **choíche** (*he was* **always** *cute and* **always** *will be*).

An chéad uair **riamh** (*the* **very** *first time*).

An raibh tú thuas in eitleán **riamh?** (*were you* **ever. . . ?**)

Fuair sé bás **i gcaitheamh (i rith)** na hoíche (*. . .* **during** *the night*).

Níor tharla sé **le** mo linnse (*it didn't happen* **during** *my time*).

Tá sé anseo **le** bliain (*he has spent a year here*).

Bhí an tae gann **le linn (i rith)** an chogaidh (*. . .* **during** *the war*).

Bhí sé tinn **ar feadh (le)** cúpla lá (*he was sick* **for** *a few days*).

Imeoidh sé **i gceann** bliana (*he will go* **at the end of** *a year*).

Beidh sé anseo **go ceann** bliana (*he will be here* **for** *a year*).

9. Naming the days of the week:—

an Luan, an Mháirt, an Chéadaoin, an Déardaoin, an Aoine, an Satharn, an Domhnach.

Adverbs of time:—

Dé Luain, Dé Máirt, Dé Céadaoin, Déardaoin, Dé hAoine, Dé Sathairn, Dé Domhnaigh.

Referring to **past** time:—

inné (*yesterday*);

arú inné (*the day before yesterday*);

Déardaoin **seo caite** (*last Thursday*);

Dé Máirt **seo a d'imigh tharainn** (*last Tuesday*);

Dé Luain **seo a chuaigh thart** (*last Monday*);

seachtain **is an lá inniu** (*a week ago*);

seachtain **is an lá inné** (*a week from yesterday*);

seachtain **is an Aoine seo caite** (*last Friday week*).

Referring to **future** time:—

amárach (*to-morrow*);

arú amárach; amanathar (*the day after to-morrow*);

Déardaoin **seo chugainn** (*next Thursday*);

seachtain **ó inniu** (*this day week*);

seachtain **ó amárach** (*to-morrow week*);

coicís **ó inniu** (*this day fortnight*);

coicís **ón Luan seo chugainn** (*next Monday fortnight*);

lá arna mhárach (*on the following day*);

an lá dár gcionn (*the next (following) day*).

31

THE RELATIVE PRONOUN AND RELATIVE CLAUSE

1. The Direct Relative.

In affirmative sentences, instead of a relative pronoun, the relative particle **a** (aspirating) is used.

In negative sentences **nach** (eclipsing) and **nár** (aspirating) are used:—

> Sin é an leanbh **a chuaigh** ar strae (. . . *who went astray*).
> Cá bhfuil an leabhar **a bhí** ar an tábla (. . . *which was on the table*).
> An obair **a bhí** mé a dhéanamh (. . . *which I was doing*).
> An obair **a bhí** á déanamh agam (. . . *which I was doing*).
> An roth **a chonaic** mé tú a dheisiú (. . . *which I saw you mending*).
> An teach **a bhí** tú ag iarraidh a thógáil (. . . *which you were trying to build*).
> Sin rud **nach dtuigim** (. . . *which I do not understand*).
> Fear **nach n-aontaíonn** liom (. . . *who does not agree with me*).
> Dúirt sé rud éigin **nár thuig** mé (. . . *which I did not understand*).
> Mhol mé dó imeacht, rud **nach ndearna** sé.

Note.—1. the absolute form of the verb after the direct relative particle **a**; the dependent form after **nach**.

2. **nach** instead of **nár** with **deachaigh, dearna, dúirt, faca, fuair, raibh.**

2. The Indirect Relative (genitive and prepositional).

In affirmative sentences, instead of a relative pronoun, the relative particles **a** (eclipsing), **ar** (aspirating) are used.

In negative sentences **nach** (eclipsing), **nár** (aspirating) are used

(*a*) Genitive Relative (whose):—

> An fear **a raibh** a mhac san ospidéal (. . . *whose son was in hospital*).
> An buachaill **a bhfuil** a athair tinn (. . . *whose father is sick*).
> An cailín **a bhfuair** a máthair bás (. . . *whose mother died*).
> Fear **nach raibh** a mhac ar fónamh (. . . *whose son was not well*).
> Fear **nach bhfuil** a mhac ag obair (. . . *whose son is not working*).

An fear **ar thug** a mhac céad punt dó (. . . *whose son gave him a hundred pounds*).

An fear **nár thug** a mhac pingin rua dó (. . . *whose son did not give him a penny*).

(*b*) Prepositional (in which, on which, etc.; in whom, on whom, etc.)

An poll **a dtagann** na coiníní as (out of which).
An poll **nach dtagann** na coiníní as.
An crann **a bhfuil** na húlla air.
An crann **nach bhfuil** úll ar bith air.
An seomra **ar chodail** me ann (. . . *in which I slept*).
Seomra **nár chodail** mé ann go fóill.
Leabhar **a raibh** suim agat ann (. . . *in which you were interested*).
Caint **nach raibh** spéis agam inti (. . . *in which I was not interested*).

Note.—1. the dependent form of the verb is used after the indirect relative particles.

2. **a, nach** instead of **ar, nár** with **deachaigh, dearna, dúirt, faca, fuair, raibh.**

3. Three verbs have a distinct direct relative form, used only in affirmative sentences:—

(*a*) the verb **bí:**—atáim, atá, atáimid, atáthar—

an fear **atá** anseo; an rud **atáimid** a dhéanamh; an obair **atáthar** a dhéanamh (*the work which is being done*).

(*b*) the verb **lean** in such clauses as—

na leabhair seo **a leanas** (*the following books*);
litrigh na focail seo **a leanas** (*spell the following words*).

(*c*) **ab** (past and conditional form of the copula before a vowel or fh+vowel):—

an duine **ab óige**; an rud **ab fhearr** a dhéanamh.

4. All regular verbs and some of the irregular verbs have a distinct direct relative form ending in -s in the present and future tenses (affirmative sentences only).

Most of the irregular verbs have this special form in the future tense. Although outside the Caighdeán Oifigiúil, this direct relative form in **-s** is used widely in literature, prayers, and in conversation:—

> Ní hiad na fir mhóra **a bhaineas** an fómhar.
> An fear **a bhaineas** an féar (*the man who cuts the grass*).
> An fear **a bhainfeas** an féar (*the man who will cut the grass*).
> Is iomaí cor **a chuireas** an saol de (*the world sees many a change*).
> Na daoine **a thiocfas** inniu ní hiad **a bheas** anseo amárach (*those who will come to-day are not the ones who will be here to-morrow*).

5. The sentence—Sin an fear a mhol an sagart—has two meanings:—

> (*a*) That is the man who praised the priest.

> (*b*) That is the man whom the priest praised.

If the second meaning is intended, ambiguity may be avoided by the following construction:—

> Sin an fear ar mhol an sagart é.

6. The Compound Relative.

a=*all that*, a relative pronoun (eclipsing).

It is used in affirmative sentences only and requires the dependent form of the verb.

ar is used in the past tense and causes aspiration.

a is used instead of **ar** with **deachaigh, deárna, dúirt, faca, fuair, raibh.**

> Is leat **a bhfuil** agam (*all I have is yours*).
> D'ól sé **a bhfuair** sé (*he drank all he got*).
> Sin **ar chualamar** (*that's all we heard*).
> Chaill sé **a raibh** aige d'airgead (*he lost all the money he had*).
> Scaip sé **a raibh** aige (*he squandered all he had*).
> Sin **a bhfuil** agam le rá (*that's all I have to say*).
> Díol **gach a bhfuil** agat (*sell all that thou hast*).
> Déan **gach ar ceart** a dhéanamh (*do all that ought to be done*).
> Rinne sé **gach ar chóir** a dhéanamh (*he did all that ought to have been done*).

a, ar with the prepositions **de** and **do** become **dá, dár**:—

> An fear ba mhó **dá raibh** ann (*the biggest of all the men who were there*).
> Lá **dá raibh** mé sa chathair (*one day when I was in the city*).
> Sracfhéachaint **dár thug** sé (*a glance that he gave*).

7. Relative **mar**:

(*a*) **mar**=*as*:—

> Fág siúd **mar atá** sé (*leave that as it is*).
> Rinne sé **mar a dúradh** leis (*he did as he was told*)

(*b*) **mar**=*where*:—

> Fág gach rud **mar a bhfuil** sé (*where it is*).

8. The Relative after prepositions:

a (eclipsing), **ar** (aspirating) are used as relative pronouns **after** the preposition. This construction is used only in affirmative sentences, and mainly with the prepositions ar, as, do, i, le.

a, ar are compounded with prepositions ending in a vowel:— dá, dár; ina, inar; lena, lenar, etc.:—

> An poll **as a dtagann** na coiníní.
> An crann **ar a bhfuil** na húlla.
> An seomra **inar chodail** mé.

But the construction outlined in paragraph **2** (*b*) is more commonly used as it caters for both affirmative and negative sentences:—

> An crann **a bhfuil** úlla air.
> An crann **nach bhfuil** úlla air.

9. The Copula in Relative clauses: (see Chapter 24).

(*a*) **Direct**:—

> tóg an ceann **is** fearr; sin rud **nach** fíor; an teach **ba** mhó; an bhean **ab** óige; an cailín **ab** fhearr; ceacht **nár** dheacair a fhoghlaim.

(*b*) **Indirect**:—

> An té ar leis é (*the one who owns it*).
> Tabhair é don té **ar** leis é (. . . *to the one who owns it*).
> Thug sé é don té **ar** leis é (. . . *to the one who owned it*).
> An bhean **nach** dochtúir a mac (. . . *whose son is not a doctor*).
> An bhean **nár** dhochtúir a mac (. . . *whose son was not a doctor*).

32

INDIRECT SPEECH

1. There are two ways in which one may report what someone says or has said (thinks or has thought, etc.):—

(a) **Direct Speech,** by giving the exact words of the speaker;

(b) **Indirect Speech,** by starting with an introductory verb (*i.e.* a verb of saying, thinking, asking, wishing, etc.) and then making certain changes in tense, person, etc., according to the circumstances in which the words are now quoted.

The following examples are typical:—

Direct: "Tá ocras orm," arsa Seán.
Indirect: Deir Seán go bhfuil ocras air.
    Dúirt Seán go raibh ocras air.
Direct: "Chonaic mé taibhse," arsa Bríd.
Indirect: Dúirt Bríd go bhfaca sí taibhse.

2. When changing a passage of Direct Speech into Indirect Speech after verbs of **Past** time (*dúirt, shíl,* etc.) the following verb-changes are necessary if the passage of Direct Speech indicates present or future time:—

(a) present indicative→past indicative.

(b) present habitual (expressing future time)→conditional.

(c) future indicative→conditional.

(d) present subjunctive→conditional or past subjunctive.

Examples:—

(a) Direct: **Tá** sí caoga bliain d'aois má **tá** sí bliain.
    Indirect: Dúirt Seán go **raibh** sí caoga bliain d'aois má **bhí** sí bliain.

(b) Direct: Má **thagann** tú **gheobhaidh** tú iad.
    Indirect: Dúirt Seán dá **dtiocfadh** (dtagadh) sí go **bhfaigheadh** sí iad.

(c) Direct: **Déanfaidh** mise é.
Indirect: Dúirt Tomás go **ndéanfadh** sé féin é.

(d) Direct: Fan go **dtaga** (dtiocfaidh) an bus.
Indirect: D'iarr sé orm fanacht go **dtiocfadh (dtagadh)** an bus.

3. When a direct command or request is changed into indirect speech the commanding verb becomes a verbal noun:—

Direct: Éirigh, a Thomáis.
Indirect: Dúirt sé le Tomás **éirí.**
Direct: Suígí, a pháistí, agus ithigí bhur gcuid.
Indirect: Dúirt sí leis na páistí **suí** agus a gcuid a **ithe.**

If the command or request is negative **gan** is used:—

Direct: Ná las an solas, a Mháire.
Indirect: Dúirt sí le Máire **gan** an solas a lasadh.
Direct: Ná labhraigí focal, a fheara.
Indirect: Dúirt sé leis na fir **gan** focal a labhairt.

Note.—That when the commanding verb takes an object **a** (preposition) is placed before the verbal noun.

4. When a direct command is in the 1st or 3rd person and has an object, there are two ways in which it can be changed into an indirect command:—

Direct: Tógadh Seán an teach (*let John build the house*).
Indirect (*a*): Dúirt sé Seán an teach a thógáil.
Indirect (*b*): Dúirt sé Seán a thógáil an tí.

Direct: Ná brisidís na cupáin.
Indirect (*a*): Dúirt sí gan iad na cupáin a bhriseadh.
Indirect (*b*): Dúirt sí gan iad a bhriseadh na gcupán.

5. There are two ways in which a wish can be turned into indirect speech.

Direct: Go dtuga Dia ciall duit.
Indirect (*a*): Ghuigh sí go dtabharfadh Dia ciall dó.
Indirect (*b*): Ghuigh sí Dia a thabhairt céille dó.

Direct: Nár lagaí Dia do lámh, a Sheáin.
Indirect (*a*): Ghuigh sí nach lagódh Dia lámh Sheáin.
Indirect (*b*): Ghuigh sí gan Dia a lagú lámh Sheáin.

6. Adverbs of Time.

When the introductory verb (dúirt, d'iarr, etc.) expresses **past** time the following changes are made in adverbs of time:—

inniu→an lá sin;
inné→an lá roimhe sin;
amárach→an lá arna mhárach (an lá ina dhiaidh sin);
arú amárach→i gceann dhá lá;
arú inné→dhá lá roimhe sin;
i mbliana→an bhliain sin;
anuraidh→an bhliain roimhe sin;
an bhliain seo chugainn→an bhliain a bhí chugainn.
anocht→an oíche sin;
aréir→an oíche roimhe sin, etc.

7. Change in Demonstratives.

When the introductory verb and the indirect speech are both in the 3rd person the following changes are made in Demonstrative words:—

anseo→ansin, ansiúd, ann;
Adjective seo→sin, úd;
Pronoun seo→sin, siúd.

8. Examples.

Direct	Indirect
(a) "Imigh agus déan mar a iarrfaidh mise ort."	(a) D'iarr sé uirthi imeacht agus déanamh mar a d'iarrfadh sé féin uirthi.
(b) "A Mháire, is cumasach an cailín tú," ar seisean.	(b) Dúirt sé le Máire gur chumasach an cailín í.
(c) "Tabhair scilling dó seo agus réal dó siúd."	(c) Dúirt Seán léi scilling a thabhairt dó sin agus réal dó siúd.
(d) Capall is ea é.	(d) Deir sé gur capall gurb ea é.
(e) In Albain is ea rugadh í.	(e) Dúirt Oscar gur in Albain gurbh ea a rugadh í.
(f) Dá luaithe sea is fearr.	(f) Deir sé dá luaithe gurb ea is fearr.
(g) Ní foláir nó is é atá ann.	(g) Dúirt sí nárbh fholáir nó gurbh é a bhí ann.
(h) D'fhan mé sa leaba mar bhí mé tinn.	(h) Dúirt Liam gur fhan sé sa leaba mar go raibh sé tinn.
(i) Slán leat.	(i) Chuir sí slán leis.
(j) Slán agaibh, a pháistí.	(j) D'fhág sí slán ag na páistí.

33

ABSTRACT NOUNS

1. An Abstract Noun denotes a quality, state or action considered in itself, and apart from anything in which it exists.

Examples:—**áilleacht** (*beauty*), **ciúnas** (*quietness*), **eagla** (*fear*), **cráifeacht** (*piety*), **fearg** (*anger*), **gile** (*brightness*).

2. Most abstract nouns are formed from adjectives. The table below shows some of the most common endings used in their formation.

ábaltacht, *ability,* <ábalta	**bacaíl,** *lameness,* <bacach
áilleacht, *beauty,* <álainn	**bradaíl,** *thieving,* <bradach
clisteacht, *cleverness,* <cliste	**ciotaíl,** *awkwardness,* <ciotach
cosúlacht, *likeness,* <cosúil	**glanachar,** *cleanliness,* <glan
crógacht, *bravery,* <cróga	**salachar,** *dirt,* <salach
aiteas, *delight,* <ait	**lagachar,** *weakness,* <lag
aoibhneas, *pleasure,* <aoibhinn	**gile,** *brightness,* <geal
saibhreas, *riches,* <saibhir	**báine,** *whiteness,* <bán
daibhreas, *poverty,* <daibhir	**deirge,** *redness,* <dearg
maitheas, *goodness,* <maith	**bráithreachas,** *brotherhood,* <bráthair
olcas, *badness,* <olc	**daltachas,** *fosterage,* <dalta
cruinneas, *accuracy,* <cruinn	**leanúnachas,** *continuity,* <leanúint

3. The adjectives **maith, olc,** are often used as Abstract nouns:—

Is fearr **an mhaith** atá ná **an dá mhaith** a bhí.

I bhfad uainn **an t-olc.** Bhí olc air (*he was raging*).

4. The **Comparative** degree of an adjective (=genitive feminine singular form) is very frequently used as an abstract noun:—

(*a*) Adjectives which end in a consonant and whose Comparative forms end in e, í:—

Adjective	Abstract Noun
aimhréidh (*disordered*)	aimhréidhe (*disorder*)
bán (*white*)	báine (*whiteness*)
bog (*soft*)	boige (*softness*)
caol (*slender*)	caoile (*slenderness*)
fial (*generous*)	féile (*generosity*)
geal (*bright*)	gile (*brightness*)
ramhar (*fat*)	raimhre (*fatness*)
amaideach (*foolish*)	amaidí (*foolishness*)
ámharach (*lucky*)	ámharaí (*luck*)
deireanach (*last*)	deireanaí (*lateness*)
déanach (*late*)	déanaí (*lateness*)

(*b*) There are many cases, however, where the **Comparative** form of an adjective **cannot** be used as an **ordinary** abstract noun, but may be used as an abstract noun of **degree** (§. **5**). This is generally the case with adjectives which end in a **vowel** or whose Comparative degree ends in **-a**, e.g. beo, teasaí, fearúla, etc.

5. An Abstract Noun of Degree denotes the extent (degree) of the quality in question. The following examples show how it differs from an ordinary abstract noun in function and (frequently) in form:—

> Cuireann **ciúnas** na háite as dom (*the quietness of the place upsets me*)—(ordinary abstract noun).
> Nuair a thiocfaidh **ciúnas** na hoíche (ordinary abstract noun).
> Bhí ionadh orm **a chiúine** a bhí an áit (degree).
> Tá an áit ag dul i **gciúine** (degree).
> Tá **fuacht** na hoíche ag dul go smior ionam (ordinary).
> Is caillte an oíche í le **fuacht** (ordinary).
> **Dá fhuaire** an t-uisce is ea is fearr (degree).
> Tá an oíche ag dul i **bhfuaire** (degree).

6. An abstract noun of degree is used:—

(*a*) After the possessive adjective **a** and **dá** (do+a):

(i) the following have a special form:—

> **dóichí** (<dócha), **donacht** (<dona), **fad** (<fada), **feabhas** (<maith), **fusacht** (<furasta), **giorracht** (<gearr), **laghad** (<beag), **liacht** (<iomaí), **méad** (<mór), **olcas** (<olc), **tiús** (<tiubh).

> Bhí ionadh orm **a laghad** airgead a bhí aige.
> Níl eagla **dá laghad** orm.
> Tá moladh ag dul dó **a fheabhas** a d'oibrigh sé.
> Fuair sé gach sórt bia **dá fheabhas**.
> **Dá mhéad** airgead atá aige níl sé sásta.

(ii) the comparative form is used in the case of adjectives of more than one syllable ending in **-ch, -ar**:—

> amaidí, suaraí, ceolmhaire, lúfaire.

(iii) the comparative form or comparative form+ (a)cht, -ocht is used in the case of most other adjectives.

Examples:—

B'aoibhinn liom **a áille** (a bhinne, a bhreátha, a chruinne, a líofa, a réidhe, a shoiléire) a labhair sé.

Ní chreidfeá ach **a uaigní** (a dhonacht, a achrannaí) a bhí an áit.

Dá dhonacht (dá leisciúla, dá shuaraí) é, caithfear cur suas leis.

Dá ghlice (dá fhearúla, dá chróga) é, níor éirigh leis.

(*b*) After cá:—

> **Cá fhad** a bhí tú ann? **Cá mhinice** a bhí tú ann?
> **Cá mhéad** uair a buaileadh é? **Cá liacht** uair a thit sé?

(*c*) To express increase in the quality in question:—

> Tá sé ag dul **i bhfuaire.** Tá sé imithe **i bhfeabhas.**

> Similarly: i ndonacht, i laghad, i méad, in olcas, i gciúine (i gciúnas), i lúfaire, i neartmhaire (i neart), i dtreise, i láidreacht, i bhfearúlacht, i misniúlacht (i misneach), i ndéanaí.

> ag dul i méad; toisc a mhéad a bhí sé; dá mhéad é
> is ea is fearr; cá mhéad duine atá ann?

Note.—The article is not used with **méad** and has no genitive form.

7. (*a*) **Méid** (**4**th declension, masculine) is used to express **quantity**:—

> méid mo bhróin; seacht n-acra an méid atá sa pháirc; sa mhéid gur Dia é.

Méid is not aspirated in the genitive:—

> leath **an méid** sin; de bharr **an méid** eolais.

(*b*) **méid** (**2**nd declension, feminine) expresses size, measure:—

> Cé an mhéid atá ionat anois? Tá siad ar aonmhéid.
> Cuir in ord iad de réir méide.